社長という病

富樫康明

WAVE出版

はじめに

アメリカインディアンの人生哲学を集めた『今日は死ぬにはもってこいの日』（ナンシー・ウッド著　金関寿夫訳　めるくまーる刊）という本があります。

私はかつてこの本を読んだとき、「今日は死ぬにはもってこいの日だ」という言葉が強烈に頭に焼き付いてしまいました。

というのは、当時の私は社長業に疲れ果て、「死」という言葉がとても身近に感じられていたからです。

もう、何度、社長をやめようと考えたでしょう。

もう、何度、死んでしまいたいと願ったことでしょう。

私はかつて、ある会社の社長となり、多くの社員を雇い、一年三百六十五日の間、心が休まることもなく、ただ一生懸命に仕事に専念してきました。

残念ながら、私には、仕事以外の思い出がほとんどありません。

二人の男の子と一人の女の子にも恵まれ、仕事も順風満帆といえる生活を送ってきました。他人が見ればうらやむ生活と仕事振りでしたが、仕事が順調に伸びれば伸びるほど、大きな目に見えぬ不安に陥りました。

多くの社員たちはその不安を知らずに働いています。

毎月予定通りに給料が出るわけですから、安心して働いてくれます。

しかし、私の頭の中は常にお金のことだけでした。毎月の人件費はもちろん、返済金に支払い。百人近い従業員やアルバイトの給料だけでも、毎月の支払いは膨大となります。

もし、会社が潰れたら……。

もし、売り上げがなくなったら……。

毎日そのような不安ばかりを抱えて仕事をしていました。

そして会社が安定すればするほど、さらに大きな不安の渦に巻き込まれていきました。

起業したときは自分だけの責任を負えばいい一人社長だったのですが、仕事量が増えるたびに社員も増え続けました。

私は、楽しかった起業のころを思い出しました。お金はありませんでしたが、若さがあり、希望のかたまりと、なによりも夢や理想がありました。

そして、なんの迷いもなく、不安すら感じませんでした。


しかし、会社を大きくしてからの私は、事業をなんのために行い、なにを求めていたのでしょう。

私の心の中は不安と迷いでいっぱいになりました。

言いようのないこの胸の中の苦しさと、心の重圧はいったいどこから湧き出てくるのでしょうか？


私は仕事に名を借りて、深夜に徘徊《はいかい》するようになりました。

寂しくて、寂しくて、お酒の力に頼るようになってしまいました。

そこだけが私を救う唯一の場所と感じるようになりました。

なぜって？　そこは仕事とはまるで関係のない世界。私の苦しみを解放してくれる世界。

言いようのない不安を一時的に止めてくれる世界だったからです。

そう、逃避です。人間ですから逃避すること自体は悪いことではありませんが、実際は、逃避すればするほどその苦しみが倍加していきます。

なんのプラスにもならないことは百も承知なのに、それでも、そのような場所に出向いてしまうのです。その場所にいるのは、私だけでなく多くの悩みを抱えた経営者ばかりでした。経営者同士ですから、互いの苦しみを理解し合うことができます。

同じ痛みを心の中で抱え込んでいる、誰にもわかってもらえない、社長という仲間です。別にわかってもらったからといって問題が解決するわけではありませんが、互いが傷口を舐《な》め合うことができます。

これは居酒屋に集うサラリーマンの気持ちと同じかもしれません。上司とお酒を飲むよりも、同僚や友人と語り合うほうがわかり合うことができるのです。

ああ、いつの間にか私は「社長という病」の重症者になったようです。

若いころは誰もが同じかもしれませんが、私にも大きな夢がありました。

それは船乗りの船長さん、野球監督さん、映画監督さん、会社の社長さんというような、自らが先頭に立ってものごとを行うことでした。

それには理由がありました。

まず、私には学力、学歴がない。
ずば抜けた素質がない。
統制力や特筆すべき魅力もない。
それに、適応力が足りない。
他人と競争しても勝てない。勝てるものがない。

きっとわがままだったのでしょうね。
命令されるのが嫌い。
決めつけられるのが嫌い。
威張られるのが嫌い。
怒られるのがつらい。

だから、誰からも命令されず、たとえ小さな会社でも自由に生きたかった。自由に仕事をするためには、自らが社長になることが必要でした。
そのようにして、妄想と夢ばかりを追いかけていました。

私は生まれて初めて名刺を作ったとき、肩書に「代表」と入れました。
あまりの嬉しさのためか、その名刺を一晩抱きながら興奮して眠りました。

こんな話、驚きますか？
いまどき、信じられない、と思いますよね。
でも本当なんです。心底、私は嬉しかったのです。

私はこの名刺に人生の夢と願いがたくさん詰まっているように感じていたのです。
私はこのとき、十九歳になったばかりの妄想だけの若者でした。
まさに、誰からも命令を受けない、私の一人起業となりました。
それ以来、私は誰からも雇われない人生を何十年と生きてきたのです。
しかし、そんな私は、やがて難病にかかるのです。それは「社長という病」でした。

本書は、大不況と叫ばれている時代の事業経営者、社長と呼ばれる多くのみなさまに、私の体験とノウハウとヒントをリアルにお伝えするものです。

私は「社長という病」の重症患者でした。年間数十億円を稼ぎ、億単位の資産を持ち、資金を動かし、百数十人の社員を抱え、テレビやマスコミに登場して脚光を浴び、その後、大転落を迎えました。

大転落した大きな要因が、「社長という病」です。最初は小さな病でしたが、やがて取り返しのつかないものとなり、不治の病に発展し、末期症状を迎えて手の打ちようがなくなりました。

しかし、その後、私は人に救われ、死に至ることなく、誰もが不可能と見ていた復活を遂げることができました。

本書は、こうした私の失敗体験を元に、企業経営者が苦しみから脱出するためのノウハウとヒントが詰まったものです。膨大な失敗、取り返しのつかない失敗を繰り返した私の社長体験が、きっとみなさまのお役に立つことを信じ、願っています。

最後まで、お付き合いのほどよろしくお願い申し上げます。

二〇一八年二月二日

富樫　康明

社長という病◉もくじ

装　丁　奥定泰之
DTP　小平智也
編集協力　山崎修（悠々社）

第1章

「社長という病」の発症

社長という生き方

私が最初に社長に就任してから、四十三年の月日が過ぎました。その間、成功と失敗を繰り返し、さらにチャレンジを繰り返して現在に至っています。
社長になってわかったことは、成功しても不安、失敗しても不安、どちらでもなくとも心配。いつもなにかしらを心配し続けてきました。多くの経営者も同様で、みな心配事を抱えて生きていることと思います。

なによりも、寂しい。
なんて孤独なんだろう。
なんて割の合わない仕事なんだろう。
苦しくなるといつもそう考えてしまいます。

社長ってつらいよ！
社長ってむずかしい！

そして、社長になると、みな同じ「社長という病」にかかります。

その病に気づかない人も多くいますね。かなり重症者となってもわからない人もいます。精神や内臓の疾患とは違って、目に見えない病気だから気がつかないのです。

それは、精神的な「心の重圧」といえるかもしれません。

私は本来、社長に向かない人間ですが、どうしても組織の人間や会社員になれないため、やむを得ず社長になりました。ですから本当は向いていません。

起業した四十三年前は、とても楽しかったことをよく覚えています。だって、誰からも命令されるわけではありませんし、どこからも拘束されず、時間は自由に使えます。それに、疲れたときは勝手に休むことができます。

時間とお金が自由に使えたので、いい思いもずいぶんとしています。

そして、十九歳のころですから、若さと夢と希望がありました。まるで歌のフレーズのような自由です。しかし、その拘束されない自由と引き換えに、さまざまなものを失ってしまいました。

それは、仕事が増えて、事業が拡大すれば相棒が必要になるということでした。

さらに仕事を安定させるために、生産量を増やす必要が出てきたのです。

そして、二人が三人、六人から十人、二十人、六十人と社員が増え続けました。すると、社員という拘束ではなく、社長という拘束（責任）が発生してきたのです。年数が過ぎれば、従業員はやがて結婚し、子どもが生まれ、給料も生活に応じて上げていかねばなりません。

社員が増えるたびに、プレッシャーが育ち始めました。十人の社員がいれば、三人家族としたら三十人を背負わねばなりません。次第にその責任が重くなります。

私は事業拡大、売り上げ拡大につれて完全に拘束され、自由がなくなっていきました。なんと恐ろしいことなのでしょう。

そして成長のためには事業をさらに拡大していかねばなりません。毎月の給料日、返済金、支払いがとてつもない金額となります。取引先業者にも責任が発生します。仕事は安定して十分な利益が出ているにもかかわらず、毎夜眠れない日々が続きます。

私はここから「社長という病」の重症患者となっていったのでした。

病の実態

そもそも、社長という立場は「上に立つもの」「代表」的な意味合いがありますが、ここでいう「社長という病」は、社長に限らず誰にでもあてはまるものです。

たとえば兄弟姉妹であれば、長男、長女は先に生まれただけで上の立場です。家族であれば父親が家長です。友人同士であっても、必ずリーダー的な人がいますね。組織も同じです。人の上に立つ、先頭を切るというのは、どのような立場であっても同じかもしれません。

すると、ある錯覚が起こります。それは自分が上だの下だのというような位が生じてくるのです。当然下の者にすれば、上が指示をしてくれるのですから、ただその通りのことをしていればよいので、上の立場より楽かもしれません。

このように、上になればなるほど、立場が変われば変わるほど、責任感や使命感が芽生え、考え方に大きな影響を与えるようになります。

すると、それにつれて「不安」「悩み」「迷い」が生じてきます。

それが「病」の前兆の一つといえるもので、ものごとが正しく感じられなくなったり、見えなくなったり、理解できなくなる恐れが生まれます。

これが「病」の始まりなのです。

お金という病

「社長という病」は、実際には誰もが知らないうちにかかる見えない病の一つです。社長も病にかかりますが、同時に、社員も、会社の幹部も、家族も、友人でさえも、知らない間に感染し拡散してしまいます。

社長の病の最終的な原因となるものは経済行為、つまりお金から生まれるものです。だからといってお金が悪者ではありません。原因はそのお金を扱う者、お金を動かす者、お金を利用する者にあります。

よく「お金の亡者」という言葉を聞きますね。

お金をたくさん持っているのにもかかわらず、倹約家、ケチ、お金に汚い、というイメージかと思います。

しかし、お金がなくとも「お金の亡者」という者もいます。

それは、お金にせこく、嫌らしく、自分の儲けばかり考える欲得づくみたいな人たちです。さらに、そうなりたくなくともお金がなければ、自動的に同じような考え方になってしまいます。

このように、お金には不思議な魔力が潜んでいます。

たとえば、ポケットに十万円あるのと、一文なしなのとでは不安度が大きく違いますね。財布を忘れれば慌ててしまいます。

まさに、お金は精神安定剤のような役目を果たしているといえます。さらに、ポケットにお金が百万円あったとしたらどうでしょう。誰もが盗まれたらどうしよう、落としたらどうしようと不安になるでしょう。

では、バッグに一千万円入っていたらどうでしょうか？
もしかすると、まわりの者がみな泥棒に見えるかもしれません。
バッグの中身が変わるだけで周囲が変わって見える、なんともおかしなものですね。

このように人はいつの間にか、本人の知らぬ間にお金の亡者となり、病が進行し始め、お金依存症となっていきます。

「そんなことは当たり前だよ！」と思うかもしれませんが、誰もが自分で思っている以上にお金に振り回されているというのが現状なのです。

また、お金を落としたり、なくしたりすればショックになりますね。

たとえば、一万円を紛失したら誰もが悔しがり、痛みを感じます。しかし、時間を失っても悔しがったり、痛みを感じたりはしません。

人は見えるものを失うと痛みを覚えますが、見えないものには意外と無頓着で、痛みを感じません。

これも不思議な出来事のような気がしています。

お金は働いた対価としていただくものです。それは、結果です。

たとえば時給千円だとすれば、十時間働くと一万円になります。これは結果ではなくプロセスなのですが、そのプロセスがあるから、結果として一万円という現金が手に入るわけです。

ですから、一万円という現金を失う痛みと、十時間働いたプロセスは、本来まったく同じものであるはずです。

このような考え方をしていくと、お金とものごとの本質が見えるようになります。

十時間働けば一万円の収入があるという目標は、大切な考え方になるような気がします。

そう、問題はお金という結果にあるのではなく、目標のほうが重要だということです。

そこに気づかなければなりません。

甘えが許されない社長業

社長業では、「心と身体と経済」が一体であることが求められます。

心が疲れれば、身体に病気となって現れ、仕事ができなくなります。

身体を壊せば、心に現れ、仕事ができなくなります。仕事がうまくいかなくなれば、心は不安定となり、やがて身体にその症状が現れます。

このように、「心と身体と経済」は一体のものと考えられます。

いくら、仕事と生活を切り離して考えても、家庭がうまくいかなければ仕事もうまくいかなくなります。

まさに社長業は「人生そのものの経営」と呼んでもおかしくはありません。

そして、その長い人生の中では、風邪を引いたり、熱が出たり、お腹が痛くなったり、病気になり入院したりと、さまざまな病気があります。それと同じように、人生経営はいつも安定しているものではありません。

そして、人生経営における病の根本的な原因は、「お金」です。

よく「お金があれば解決する」と言う社長がいます。

確かに解決する場合はありますが、事業を継続している限り、そのお金の悩みは永遠に続きます。

もし、預金が五千万円あったとしても、一億円以上のお金があったとしても、それもやがてなくなります。借入金ができれば解決すると思っていても、それは借りたときだけの一時しのぎにすぎません。

また、銀行が一億円貸してくれればなんでもできると考える人もいますが、果たしてそれだけのお金を返済しながら、利益を出すことができるでしょうか。

孤独という病

社長になると孤独になります。

真っ暗闇の中に一人ぼっちで漂っているようなものかもしれません。

その症状を持つ人は、「社長という病」のかなりの重症患者です。

では、どうして孤独感が起きるのでしょうか。

それは心の重圧にあります。

私などは社長に憧れ、夢の一つにしていましたが、実際にはまるで向いていないことがわかりました。自分には社長を続けるだけの器量もないし、度胸もないことがわかったのです。ですから、思いっきり重症患者になりました。

心の重圧とは、目に見えない自らが作り出す恐怖心のようなものです。まだ見ぬ明日に不安を感じたり、まだ見ぬ将来を恐れたり、なにも起きていないのに、なにか災いが起きたらどうしようかと、常に不安定な状態が続きます。

もし、売り上げを確保できなければどうしようか。
もし、売れなくなったらどうしようか。
もし、取引先からの仕事がなくなってしまったらどうしようか。
もし、病気になったらどうしようか。
もし、会社が潰れたらどうしようか。
もし、もし、もし、の連続です。

このような病に陥ると、やがてものごとに消極的となり、ものごとをなんでも否定するようになってしまいます。自らをも否定してしまうのですから、社員など他人を否定してしまうのは当たり前かもしれません。

よく社長同士の話の中で、生命保険の話が出ます。

それは、「私の会社になにかあっても、死ねば保険で解決するようにしている」といった内容です。

一億円の保険に入ったとか、三億円の保険に入ったとか、ある意味自慢話のようですが、それだけ会社経営に不安を感じている社長が多いということです。

保険会社も「社長さんになにかあった場合、この保険に入っていると安心ですよ」などと真顔で進めます。

しかし、これは会社が倒産した場合の倒産保険ではなく、生命保険です。一見冗談のような話ですが、社長はそこまで考えざるを得ない立場でもあるのです。

「そうかあ、オレが死ねば会社は存続し、借金はチャラになる。これで誰にも迷惑をかけないですむ。後は死に方だな」

笑いながらそう話す社長は多いのですが、寂しい話ですね。

しかし、どうして命をかけてしまうのでしょうか？
それは日本特有の金融制度のあり方にあります。
社長ともなれば誰もが借金をします。その借金は運転資金であったり、設備資金であったりとさまざまな用途がありますが、事業が大きくなればなるほどこの借入金は増えていきます。

会社の借入金に対しては、必ず金融機関から「個人保証」を求められます。
大手企業の場合は、「個人保証」が必要という話はあまり耳にしませんが、個人事業、商店、中小企業などのすべては、この「個人保証」がなければ借り入れができません。そのため、事業で失敗した場合は個人の財産、資産のすべてを差し出さねばなりません。

会社が借入金を返済できなくなった場合、親から譲り受けた資産、数十年かけて貯めた預金、土地や建物などがその「個人保証」によって、すべて差し押さえられてしまいます(外国にはこの「個人保証」はありません。日本特有の制度です)。

そのため、外国では倒産しても敗者復活の可能性があり、何度もチャレンジできますが、日本では倒産した者は再起が非常にむずかしくなります。資産だけで精算ができなかった場合は自己破産を選ばざるを得なくなり、それは金融機関のブラックリストに載ることを意味します。すなわち、二度と復活することができなくなるのです。

このように事業に失敗すればなにもかも失ってしまうのですから、失敗への恐怖心が募り、それがやがて孤独感に変貌していくのも無理のないことなのです。

社長になると相手がわからなくなる

社長になったとたんに、私は自分も相手もわからなくなりました。それは、若すぎた、自らの未熟ということもありましたが、お金を支払う立場になったことが大きな理由です。

立場が変わると、業者や取引先などとの付き合いが増えてきて、接待などを受けるようになります。こちらは世間知らずの若社長ですから、簡単に利用されてしまいます。

年上の社長から、「社長、社長」と呼ばれ、ていねいな言葉で話しかけられ、うまく乗せようとしてきます。私はもともと疑い深い人間でしたから、露骨なゴマすりなどは信用しませんでしたが、それでも褒められると嬉しいものです。

クラブや飲み屋に行けば、「こちらは若いけれど実力のある社長さんで……」などと紹介され、褒められます。そのうちに、私はどんどん勘違いしていきます。関わる人たちがみな善人に見えてしまうのです。

私は信用されている。信頼されている。だから多くの人が寄ってくる。私が名刺を差し出すと、一様に驚き喜んでくれる。たかが社長という肩書がついているだけなのに、相手の対応が変わるので、私はそのように勘違いしていきました。

しかし、それは私が支払うお金に対しての信用や信頼であり、私自身への信頼ではありませんでした。

このことは、後に会社を潰すまで、わかりませんでした。

こちらがお金を払うときは恵比須顔、払えなければ、その恵比須顔が鬼に変わる。

会社を潰したとき、私は恵比寿さまが鬼に変わるさまを数え切れないほど見ることになりました。

役職が人を変えるという言葉があるように、役職で自らが見えなくなるということもあるようです。

会社に行けば、社長ですから社長らしく振るまわねばなりません。たとえ、経営が苦しくても、「苦しい」「会社が危ない」「このままだと倒産してしまう」などとは冗談にも言えません。

社員に不安を与えれば、たちまち業務に支障が出てしまいます。家族も同様で、苦しくても苦しい顔などできません。無用な不安を与えても意味がないからです。

社員の側も、社長には気を使うようになります。お互いが本音を漏らさなくなります。たとえば私に誤りがあったとしても、それを遠回しに話してくれる人はいるかもしれませんが、ストレートに指摘する人は非常に少ないでしょう。

社長には悪く思われたくない、というサラリーマン的な考え方が育ってしまっているからです。

もちろん、それでも私や会社のために苦言を呈する者もいます。しかし、その耳の痛い苦言を私は認める気持ちになれません。社長というくだらないプライドがあるからです。

こうなると、相手のことがまるでわからなくなり、しまいには自分のことすら見えなくなってしまいます。

こうして、「社長という病」はどんどん重くなっていきました。

社長になると自己中心的となる

自己中心的、ワンマンというスタイルは、決して悪いことではないと思います。

事業を伸ばすために、さらによくするために、社長は生命をかけて闘い続けるのですから、ある時期はとても必要なことです。

しかし、それは小さな会社の時期だけです。組織が大きくなったら、それはもはや弊害でしかありません。

なぜなら、「社長という病」にかかった経営者には、自社の実態が見えなくなっているからです。


人は意外と自分のことはわかりません。

わかっているつもりでも、実際は見えなくなります。

逆にお互い、相手のこととなるとよくわかります。話し方、態度、考え方など、とくに相手のことは見えるものです。

そのため、小さな会社が大きくなっていったとき、自己中心的なワンマン経営のまま継続していると、急激に会社の勢いがなくなります。家族的な組織が、バラバラになってしまうからです。

自己中心的経営の悪い部分は、人が信用できなくなることです。そして、自分に都合のよいことは信じますが、都合の悪いことを認めなくなるのです。

そうなると、側近の者は本当のこと、正しいことを伝えにくくなり、正しい、必要とする情報が手に入らなくなります。

こうして一枚岩だった創業時の組織が分裂し、力をまとめることができなくなるのです。

社長の病は、社員、組織に感染する

果たして、病のない社長というのはどのくらいいるのでしょう。

ある社員が、面白いアイデアを考えて社長に提案しました。

しかし社長は、その提案内容をすべて聞く前に、「うちの会社にはそんな金はない！」と一蹴してしまいました。

それでもその社員は諦めず、会社をよくするためにさまざまな提案をしますが、社長は笑いながら相手にしません。そのうちに彼は、なにも提案しなくなりました。


社長という役職は不思議なもので、会社を背負う立場のため、その大変さのせいか「自分の考えが正しい」という思い込みが強くなります。

さらに「オレの気持ちなどわかるはずがない」という思いが強くなります。

また、自らが上だという意識が強いために、なかなか社員の意見を取り入れられなくなるのです。相手が経験の少ない社員ならなおさら、わかるわけがないと否定してしまいます。


否定され続ける社員は、社長にはなにを言っても無駄だと諦めてしまい、結果、社長を否定してしまいます。この社長を否定する考え方が社員に伝染してしまい、やがて諦めに変わってしまいます。

情報というものは不思議なもので、否定する者には正しい情報が集まらないしくみがあります。

この例の場合、たとえ社員が提案したものが会社にとって不必要な情報であったとしても、懸命に会社のことを考えた提案なのですから、社長は簡単には否定せず、「ありがとう、検討してみるよ」と答えたなら、提案した社員にとってこんなに嬉しいことはないはずです。

すると、会社内の雰囲気や士気が大きく変化します。

よく、さまざまな会社に出向いて感じることがあります。それは会社内の雰囲気です。社長が不機嫌、しかめ面をしている会社には、いつも緊張感が走り、あまり笑顔がありません。

半面、笑顔でいる社長の会社は、とても明るい雰囲気を持っています。このようにトップの姿は会社に必ず反映し、よくも悪くも感染は広がっていきます、

役職が自分を見失わせる

肩書や役職が災いの元になる場合があります。

普段、温厚でおとなしかった仲間が、上司になった瞬間に態度が変わった、横柄《おうへい》になった、威張《いば》り始めた。

このようなことは社長も含めてよく見られます。肩書を持つことによって人格が変わってしまう場合があるからです。

なぜそのようなことが起きるかというと、上に立つと下の者が指示に従い動くからです。いままで下の役職にいて嫌な思いもしてきたその本人が、上の役職についたとたんに変身を遂げてしまうのです。

そうなると下の社員の動きが急に悪くなってしまいます。これはなかなか気づかない内部の問題点です。

このことは、「上司という病」の前兆の一つといえるでしょう。

人事というのはむずかしいものです。社長の最終的判断一つで決まるのも人事です。

会社や組織、経済はある意味で生き物です。それも感情のある生き物です。いままできちんと流れができていた会社のシステムが、上司の選定を誤ると、その流れが悪くなります。

上に行けば行くほど「人間力」が必要になります。「人間力」のない者は上にあげてはならないのです。

私の友人の会社では、人事は部下に任せず、必ず社長自らが決定を下します。その決定方法は、現場の社員たちの生の意見を聞き、参考にするというやり方です。

どうやって意見を聞くかというと、その部署の社員たちと雑談を交わすのです。雑談内容はたわいのない世間話が中心ですが、その部署で働いている人たちのよい評判だけを聞くようにしているのです。

そうしないと悪口の告げ口のようになってしまうからです。

「わからないことはすべて現場に聞け！」それが、その社長の言葉でした。

やる気を失う社員たち

「あ〜あ。やる気が出ないなあ。どこかもっとよい条件の会社はないかなあ」

このようなぼやき声をよく耳にします。

このような社員がたくさんいたら、この会社はやがて潰れてしまうでしょう。


しかし、どうしてこのようなぼやきが聞こえるのでしょうか？

私は彼らに質問してみました。

「この会社はいい会社だよ、なにが不満なの？　給料もまあまあだし」

「いやね、この会社は駄目だよ。社長は優しい人だけど、上司が駄目なんだ」

「なにが駄目なの？」

「会社がよくなるためにいろいろな提案をしているんだけど聞いてくれない。改善すればもっと効率がよくなり、利益も伸びるはずなのに、それを受け入れないんだ」

「社長に直接話してみたら？」

「細かいことは社長に話してもわからないよ」

「では、その上司はなぜ聞き入れないの？」

「余計なことはしたくないみたいだ。現状のままが都合がいいみたいだからね」

社員の声が天に届かない会社は、やがて滅びるのでしょうか。ここには「上司という病」「社員という病」が蔓延《まんえん》していました。

社員のわがままがわからない社長たち

「社員の言うこと、社員が望むこと、そんなのをすべて聞いていたら会社が潰れてしまうよ」とは、ある社長の口癖です。

「それに会社全体のことをわかっているのは自分一人。誰も社長が我慢しているなんて思わないだろう。言いたいことなんて私のほうが彼らの何十倍もある」

「でも、少し言い分、意見を聞いてみたらどうでしょう」

「無駄、無駄だよ。社員にはなにもわからない、経営者は大変なんだ。彼らの給料を払う身になってごらんよ。別に彼らが金を稼いでいるわけじゃない。文句があるなら会社をやめればいい」

仕事とは、「我慢の報酬」だと言った人がいます。
社長が我慢し、社員が我慢する。
本当はそのような我慢比べの会社は続きません。
問題はなにを我慢しているか、ということです。

給料が少ないという我慢なら、もっといい条件の場所へ行くという選択をすればよいのですが、たいていの我慢は、お互いの意見交換の不足の場合が多いようです。
腹を割って社員と話し合えば、簡単に解決する場合もあります。一度、意見を聞いてあげればよいと思います。

社長の苦しさを理解できない社員たち

働いている社員たちは苦しい、しかし社長も苦しい。
このようにお互いが首を絞め合うような苦しさに、果たして未来があるのでしょうか？
確かに社長となれば、日々の支払い、給料、返済と頭を悩ます問題があります。事業を行っている以上、つきものなのが資金繰りです。

社員はその大変な部分を気にせず、ただ与えられた仕事をすればよいのですから、あまりにも一人ぼっちで孤立しているのが社長業といえます。

そしてその社長業を行っていると、やがて「社長という病」にかかります。

本当は、社員たちが苦しんでいる社長のことを少しでも理解して、優しい言葉をかけてあげるといいのです。もしもそうしたなら、社長は泣いてしまうかもしれません。

社長が社員たちに心から感謝して聞く耳を持ったら、もしかすると社員の人たちは泣いてしまうかもしれません。

ここに、互いの病の治療方法があります。

そして、互いが励まし合って、苦しい仕事が楽しい仕事に変わるとき、そのときから会社は、本当の安定期に入るはずです。


社長と社員は一体。

社員と社長は一体。

大いなる家族としての運命共同体なのです。

悩みの撃退法「無視する」

悩みをなくす一番の方法は、「その悩みを無視する」ことです。

「無視できないから悩んでいる」という人もいると思いますが、まずはいくら悩んでも、悩むだけではなにも解決しないということを理解する必要があります。

みなさんは、どうでしょうか？　なにかに悩んでいるときは、その悩みのことを考えているだけで、なにも答えが出ないまま何時間も、何日も悩み続けていませんか？常に頭の中がぐるぐると同じことの繰り返しで、「どうしよう」「どうしたらいいだろう？」と考え続けますね。これは誰もが同じです。

私はこの悩みからまったく抜けきれませんでした。起きていても、寝ていても、夢の中でも悩み続けます。自分はおかしくなったのかと錯覚するくらい悩むのです。そのうちに、泥沼のような悩みの中に埋没してしまい、疲れ果ててしまいました。

私は、そこで考え方を変えてみました。悩みがあるとき、胸が苦しいときは、逆に楽しいことを考え、楽しいことをするようにしました。

嫌なことからの逃避です。

ただし、お酒はその場だけの逃避で解決になりませんでした。

とにかく読みたい本や見たい映画を中心に娯楽に走りました。素敵な音楽や映像なども見ます。すると、悩みが止まるのです。

「明日のことは明日考えればいい」

「明後日のことは明後日に」

「来週のことは来週に」

「未来のことは未来の自分に任せよう」

そのような考え方に変わりました。

結果は、なにも変わりませんでした。

なにも変わらないということは、悩んでいても、悩んでいなくても同じだということです。

ならば、解決できない悩みは「無視」すればいい。私はそう考えるようになりました。

失敗にありがとう

私は長い間、失敗を恐れ続けてきました。失敗するときは生命を落とすときだとも信じてきました。しかし、失敗は失敗を恐れる者にこそ起こります。恐れれば恐れるほど、その失敗という渦の中に巻き込まれるようです。

失敗というと、「失敗は悪」「人から嫌われること」「失敗などないほうがいい」「必要ないこと」「恥ずべきこと」「話すことではない」などというマイナスのイメージが付きまといます。

そのため、現在の日本では、失敗体験が情報として広く伝達されることがありません。本来は、成功を生み出す元であるはずなのに、失敗を活かし切れていないのです。

新しくなにかを始めようとすると、必ず失敗をします。新しいものには失敗がつきものですが、そもそも失敗があるから成功が生まれるはずです。

人は失敗から学び、さらに考えを深めていくものです。したがって失敗はある意味では、ノウハウに近いもののはずです。

たとえば、エジソンは九十九の失敗を重ねたために、一つの大きな成功を得たはずです。いや、エジソンの言葉を借りれば失敗などなく、九十九の成功により、より大きな成功を掴んだということになります。

行動しなければなにも起こりません。最近は、失敗を恐れすぎるあまり、なにも行動を起こさない人がいます。それだけものごとに慎重だということで、それは別に悪いことではありませんが、それでも失敗を避け続けることはできません。

どんなに失敗を避けようとしても、失敗は必ず違った形で現れるものです。なにも行動を起こさないために起こる失敗もあります。

確かに、行動を起こさなければ一時的には失敗からは逃れられますが、その代わり、その人はなにもできず、なにも得ることがありません。

それとは正反対ですが、失敗をまるで恐れない猪突猛進型の人もいます。一見すごそうに見えますが、危機を認識できないために、取り返しのつかない大失敗をする場合もあります。

このように、人は成長する過程において、失敗から逃げるべきでも、失敗を無視するべきでもないことがわかります。人類はその歴史において、多くの失敗を繰り返し、多くのことを学んできました。

そのとき失敗と思っていたことが、後に成功だった。そのとき成功だと思っていたら、後に失敗であったことが判明した。このようなケースはかなりあります。

想像する力、創造する力とは新しいものを生み出す力のことです。そのため、失敗を避けては通れません。ですから、失敗するたびに「ありがとう」と感謝してみたらどうでしょう。

いままでは、失敗するたびに悔やみ、悩み、悲しんできましたが、これからはそのたびに感謝してみるのです。すると、その失敗が成功に変わるように感じます。いや、成功に変わってしまうのです。

そこで、新たに失敗との付き合い方を考えてみます。

失敗にはなにやら、ことを惹《ひ》き付ける不思議な魅力があるのは確かです。

そう考え、失敗を大切な学びとしてていねいに付き合うのです。

そのためには、失敗のよい面に目を向けることにします。「この失敗をうまく活かせば、将来大きなプラスとなる」という考え方です。

その方法が、失敗をありがたく感謝することなのです。

私自身は、失敗が多すぎたため、当時は感謝などできませんでしたが、いまになって改めて振り返ると、助かったことばかりのように思えます。ずいぶんと感謝するまでに時間がかかりましたが。

病からの脱出法「変わりたい」

私は長い間、「自分を変えたい」と考えてきました。

その理由は、自分が嫌いだったからです。

ですから、いつも明るく元気な人を子どものころからうらやましく思ってきました。よく本屋に行くと「自分を好きになりなさい」「ものごとをポジティブに考えなさい」「否定的な言葉はやめなさい」などという本が目につきますが、そんなに簡単なことではありません。

とくに、否定的な私にはまるで向きませんでした。

それだけ私の病は重症度の高いものでした。

ネガティブとは、私のために神から与えられた言葉のようなものです。

その言葉を話し、信じることで救われるような魔法の言葉などありませんでした。

私は自分を変える努力をし続けてきましたが、どうしても変えることができませんでした。そして、もう不可能だと思い諦めました。あらゆるものごとを否定的に捉える習性がまるで取れなかったからです。

それは、こびり付いて離れない悪性の黴菌《ばいきん》のように、私の心の中に深く刻まれていました。どんな薬を飲んでも、自己暗示をかけても無駄でした。

あるとき、いつもと同じように悩み始め、胸が苦しくなりました。

しかし、答えはありません。私は悩み続けました。

考えて、考えて考え抜いて疲れ果て、最終的にそのことを考えるのをやめました。疲れ切ってしまったからです。すると、いままでさんざん悩んできたことが嘘のように消えていきました。

私は、そのときから考え方を変えるようになりました。

それは「考えない」「悩まない」という考え方でした。

いままで、ついつい考えすぎるときが多かったので、それからはむずかしい問題、解決できない問題は「考えない」ことにしました。そして、考えて解決できる問題から優先して処理するようにしたのです。すると、頭の中で切り替えができるのです。

そのことで、いまの自分を変えることはできなくても、「考え方」を変えることで自分の行動を変えることができることがわかりました。

社員と社長との隔たり

日本の中小企業のほとんどは同族経営といわれています。

これは、同族のほうが互いに理解しやすいからなのかもしれません。

しかし、経営とは厳しいものです。

同族であるがゆえのマイナス面もたくさんあります。たとえば、互いに甘え合うことができてしまうなどです。そして、その会社で働く社員にとっては、「同族」ということが親身になって働く意欲を失わせてしまう恐れもあります。

同族経営であろうがなかろうが、社長と社員の間に隔たりがあることは変わりありません。この隔たりを解決する方法は、経営をガラス張りにすることです。

ガラス張りとは、ストレートに経営内容を知らせて社員を経営に参画させることです。

とかく社長は経営の中身を秘密にしがちで、その秘密性が社長と社員の隔たりを作り、理解し合えない関係を生み出してしまいます。

社長になると、社員や家族に心配をかけたくない、無用な不安を与えず仕事に専念してもらいたい、という思いが先に立ちます。それがいろいろな秘密を生みます。

しかし、社員や家族に恥を晒《さら》して、思い切り心配や不安を与えることも、お互いが理解し合う要素といえます。

社員の中には、売り上げよりも毎月支払われる給料さえいただければよい、というような人もいますが、その給料はどこから、どうやって支払われているのかを理解してもらう必要があります。

これまでの時代、社長は苦しさを見せてはいけない、決して弱みを見せてはいけない、と自然に学んできたようですが、逆にこれからの時代は、社長の苦しさ、弱みを見せることによって、社内コミュニケーションの問題が簡単に解決するかもしれません。

逃避ぐせ

会社内、家族から理解されない社長たち。
それでも会社のために、社員のために、家族のために働き続ける社長。
社長の安らぎはどこにあるのでしょう。
私は一人になるといつも泣いていました。
この心の重圧をどう克服し、または逃れることができるのだろう。
答えのない禅問答が続きます。

誰にもわかってもらえない、誰からも理解されない。

家族や社員に心配をかけたくない。

解決方法はお金しかない。ならばより稼ぐしかない。

答えはいつもそこに行き着きます。


しかし、それは自分が望んでいる答えではありません。

稼いでも、稼いでも、不安は消え去らないのです。

事業とはなんと苦しい修業なのでしょう。

こうして、社長という病はピークを迎えます。

もはや一種の精神病に近いかもしれません。


よく、ゴルフばかりしている社長がいます。聞くと、「仕事上の接待だ」と言います。

毎夜、飲み屋に出向く社長がいます。尋ねると、「お客との商談だ」と言います。

女性を何人も囲う社長がいます。指摘すると、「英雄色を好む。これくらいのことができなければ、一流の経営者にはなれんぞ」と言います。

外から見ると立派な社長さんたちですが、みな同じような場所に出向き、同じような行動を取ります。同じような場所には同じような社長がいて、同じ悩みを持っているので、慰め合い、話が合うのです。

これらも一種の逃避に近いことです。

会社を潰したくない、潰せない。

社長をやめたい、社長を誰かに任せたい。

会社をやめたら返済ができなくなる。

会社をやめたら明日からなにをすればよいのかわからない。

なによりも、どう生きていったらいいのかわからない。

そうなのです。

人生経営はたとえ会社をやめてしまっても、延々と続きます。

会社を存続させるのも地獄、やめるのも地獄、やめた後も地獄。それで人生を終わるのか、それとも「社長という病」を治すのか？

この選択は、社長自らが決断しなければなりません。

一方で、
会社が倒産する。自己破産をする。夜逃げをする。
このような極限状態に至った社長たちはもう悩まなくてもよいのでしょうか。
実はそれでも問題は解決しません。
「どう生きるか」にこそ、「社長という病」の克服法があるのです。

「社長という病」の克服法

疲れ切った社長さんたちに必要なものは「希望」です。

暗夜の航路でなにも見えなければ、やがて船は暗礁に乗り上げて沈んでしまうかもしれませんが、わずかな灯台の灯があれば、安心して進めます。

そのわずかな灯が「希望」です。しかし、その希望は待っているだけでは来てくれません。希望はそれを願い、望む者だけが手にするものです。

希望を手にするためには、「考え方を変える」ことが必要かもしれません。

いままでは、「こうでなければならない」という固定観念でものごとを決めつけていたかもしれませんが、そういう考えを一切捨てて、新しい考え方を持ってみるのです。

その「新しい考え方」とは、いままでとは違った角度から持っているものを眺めてみることです。長い間、決まった角度から見続けたものを、まったく違う異なる位置から眺めてみる考え方です。それを得るには、一切を否定しないで聞く耳を持つことです。それにより、ものごとの見方が変わります。

現在、著名な作品として世界中の人に読まれている本があります。

私はこの本に高校時代に出会いました。そして、後にこの本に再会したのは、私が事業で取り返しのつかない失敗をし、人生の希望を失い、この世を去ろうと考えたときでした。人生で最もつらい時期に、再びこの本に出会うことで、私は救われました。最近は復刻版として、どこの書店にも置かれています。

その本の名は、『夜と霧』。一九四六年に出版された作品で、著者のヴィクトール・フランクルは心理学者です。

「夜と霧」というタイトルは、ヒトラーによって出された命令の名称で、その目的は、ユダヤ人を始め、ナチスに反対するあらゆる人間を、夜間に逮捕し、密かに強制収容所に送り込むことでした。

一夜で、一家族がまるで霧のように消え失せてしまったことから、この題名がつけられました。ゲシュタポにより逮捕された家族が、その後どこに連れて行かれ、どうなってしまったのかほとんどわかりません。多くの場合、強制収容所に着くなり、ガス室で殺されるか、運よくそれを逃れても強制労働を余儀なくされました。

「夜と霧」は、ナチス強制収容所における想像を絶する地獄を象徴する言葉に置き換わっています。有名なアンネ・フランクやコルチャック先生なども同じ時期の人です。

この「夜と霧」で、フランクルは「希望」を多くの人々に伝えてくれました。

想像すること、創造すること、考えること、想うこと、素晴らしい過去を振り返ること。過去のすべてがよい記憶ではなく、たとえ嫌な過去であったとしても、それは「あなたの人生の証《あかし》ですよ」、それは「あなたの大切な過去の宝物ですよ」と語りかけています。

未来だけに希望があるのではなく、過去にもたくさんの希望があった。それを思い出してほしいというメッセージにも聞こえます。

いま、希望がないという人がたくさんいます。

また、希望をまだ見ぬ未来にだけ向けている人が多いようです。

もし、私たちの人生がフランクルのように、明日をも見えなかったとしたらどうなのでしょうか？

不安だらけの人生になってしまうのでしょうか？

それともフランクルのように、人生の宝物を思い出して生きようとするのでしょうか？

フランクルは絶望の中で希望を見つけ、「どんな状況でも意味がある」と言いました。

「それでも私は、人生にイエスと言う」のイエスとは、感謝するという意味にも聞こえます。


一九四五年アメリカ軍によって解放され、フランクルは奇跡的に生命を救われ、戦後、「ロゴセラピー」（人が自らの生きる意味を見出すことを助けることで、心の病を癒す心理療法）を提唱し、希望を失い、悩み続ける多くの人々を救いました。彼は次のような言葉を残しています。


そもそも、我々が人生の意味を問うてはなりません。

我々は人生に問われている立場であり、

我々が答えを出さねばならないのです。
祝福しなさい、その運命を。
信じなさい、その意味を。

どのような状況になろうとも、
人間には一つだけ自由が残されています。
それは、どう行動するかです。

人間が本当に求めているのは、安全などではありません。
目標に向かって努力し、苦悶することなのです。

私たちは、人生の闘いだけは決して放棄してはいけません。

幸せは、目標ではないし、
目標であってはならないのです。
そもそも目標であることもできません。

幸せとは結果にすぎないのです。


涙を恥じることはありません。

その涙は、苦しむ勇気を持っていることの証なのですから。


「夜と霧ダイジェスト」ヴィクトール・フランクル

もし、会社がなくなり明日から一文なしになったら。

もし、余命数カ月と医師から宣告されたなら。

もし、交通事故に遭い身体を動かすことができなくなったら。

もし、明日命を失うとしたら。

あなたはなにを考え、どうしたいですか？


フランクルはかつて、そのすべての希望を失いました。

すべての持ち物は奪われ、身体中の毛を剃られ、囚人服を着せられ、腕には番号を入れ墨され、人間としての人格などなく、番号のみでしか呼ばれない。

彼は、一糸まとわぬ裸体にされ、晩秋の夜に水に濡れたまま立たされました。眠るときにはわずか二メートル半の板の上に九人で横たわる。上を向いて寝ることも、寝返りも打てず、足を曲げることさえできません。


しかし、彼はそれでも眠るように努力しました。

目を閉じれば、その世界には静寂があり、わずかな安らぎがありました。

目を開けた世界では、なにも罪を犯していないのに殴られ続け、嘲笑《ちょうしょう》され、身体の痛みよりも心にダメージを与え続けられます。

日中は強制労働と仲間の死体処理や穴掘りにより、精神状態がおかしくなっていきます。

もう、いつ殺されてもおかしくはありません。他の者たちは早く死んで楽になりたいと願っています。


でも、フランクルは最後の最後まで生きようと決心します。

彼の「希望」は、殺されてしまいました。それは愛する妻のことでした。

なにもかも失ったかに思えますが、それでも彼には妻との思い出が残されていたのです。

目を瞑《つぶ》れば、そこにはいつも笑顔で優しい妻の姿があるのです。

その妻との会話は何千回も続きました。

これがフランクルの残された希望だったのです。

「どのような状況になろうとも、人間には一つだけ自由が残されている。それは、どう行動するかだ」

どのような過酷な状況であったとしても、人間は「生きて、生きて、生き続けることだ……人生の闘いだけは決して放棄してはいけない……」と彼は伝えてくれました。

私たちとフランクルの時代はまるで違いますが、私は彼の言葉で、もう一度、いや何度でも「生きよう！」「闘おう！」と決心しました。

一人ぼっちで孤独だと信じていた私は、そばに誰もいなくても、フランクルと同じように父や母、家族、友人に語り続けました。

両親に愛されていた子ども時代、初めての子の誕生、楽しかった思い出、素晴らしい仲間たち、みんな優しかった……。

すると、苦しみもつらさもすべて素晴らしい過去に思えるようになりました。

私はその過去に語り続けました、「ありがとう」と。

私にも新しい希望が生まれたのです。


人生に追い詰められ、苦しくつらいとき、誰もが希望を失います。

不幸の主人公と化し、自分を責め、人を責めてしまいます。

人が希望を失うときが「絶望」なのかもしれませんね。

でも、どんなときも希望は人生においての大切な処方箋になるように思えます。

成功は心構えの産物

私の人生は失敗また失敗の連続でした。それは、当然でした。十九歳で起業した世間知らずの夢だけの若者でしたから。いまから考えると恐ろしいことばかりでした。

私ほど失敗した人間がいるだろうか？

そう疑いたくなるくらいの失敗の連続でした。

当時の先輩などは、「恥はどんどんかくべきだ。失敗は成功の母だ」と励ましてくれましたが、失敗を繰り返していると、だんだんそのような言葉もかけられなくなるものです。ですから私は、「失敗と恥は必要ない。恥は恥だ」と思って生きてきました。失敗はたくさん続くと、自信喪失とトラウマとして心に深く残るものなのです。

しかし、五十歳になったとき、ふと考えました。

もし、この失敗がなければ、自分はいったいどうなっていたのだろうかと。

もしかするとホリエモン（あり得ませんが）のようになっていたのでしょうか。それとも人生の後半になってから大失敗を犯していたでしょうか。

失敗は誰もが嫌うものです。ただの自分だけの失敗、自分の範囲ですむ失敗ならそれは簡単に許されるものでしょうが、多くの他人に迷惑をかける失敗は許されるものではない。私はそう信じていました。

いや、違う。

私は失敗したから目が覚めた。

失敗が続くたびに一つひとつ目覚めていった。

そう、失敗したから目覚めた。失敗したからものごとの本質が見えるようになった。

だから失敗を避けたり、嫌うのではなく、感謝するべきだ。


あるときから私は、そう信じるようになりました。

私はなにもかも失い、どん底にまで落ち込んだけれど、そのどん底で「感謝（生きる希望）」というとてつもない大きな財産をもらいました。

「失敗」とは「成功」するための方法を学ぶ授業でした。

もしそうなら、私の病気にも感謝しなければ。嫌なことにも徹底して感謝しなければ。

大切なことに気づいた私は、もうすべてが感謝しかないと考え始めたのです。

私は「失敗を買った」のでした。その額数十億円。それが私の知的財産権（失敗しないためのノウハウ）となり、本当の人生経営が始まりました。


私は数多くの失敗を繰り返すうちに、失敗しないための法則があることがわかるようになりました。同時に成功にはあることが欠かせないとわかったのです。

それは「仕事を通して学ぶ」という姿勢です。

仕事とは「事に仕える」こと。「事に仕える」とは自然の法則であったり、人によっては神であったり、人によっては大自然であったりしますが、その「仕事を通してよりよく生きて、価値のある人生を歩み、自分ができることをすることによって人の役に立つ」、それが「仕事を通して学ぶ」ということです。

すると、必ず「喜び」という報酬や財産をもらえます。

それがやがてお金に変わります。

ですから、人から喜ばれることができなければ、自動的に収益（収入・利益）を失っていきます。また、人の役に立つということは決して自己犠牲ではなく、喜びという利益をいただくためのものです。

よく私は、「そんなことしていくら儲かるの？」「なにかの利益に結びついているの？」と、まるでやっていることが無駄だと言わんばかりの質問をされますが、確実に儲けをいただいていることの実感がない人たちにはわからないことかもしれません。

しかし、「ありがとう、助かった」と言われる無限の利益こそが、成功の源泉なのです。ビジネスは最終的には、「儲かったか（喜ばれたか）」「儲からないか（喜ばれていないか）」で判定されるものです。

したがって成功したければ、我々は人々に喜びを与える「マスター（神）」にならねばなりません。お客様が神様ではないのです。

逆に成功を阻害する共通点とは、どういうものでしょうか。

それは、「うまくいかないこと」「売れないこと」「組織（お客様）が広がらないこと」などの根本的な原因を「認めたくない」という気持ちです。

「耳に痛いことは聞きたくない」という心理が働き、身動きできない状況を自らが選んでいるために、その気持ちが起きます。

とかく人は「耳に痛い言葉」を嫌いますが、そこに「絶対解決の方法」が潜んでいることを知る人は少ないのです。

経営のうまくいっている組織は、「耳に痛い言葉」を真剣に捉え、それをうまく活用しています。

第2章

「社長という病」の処方箋

現実を直視する

会社がうまくいかなくなると、どうしても現実から目を背《そむ》けてしまいます。ある人は突然、宗教書や思想書を読み出したりします。またある人は、自己啓発書に目を向けて答えを探そうとします。その結果、一瞬の安堵は得られますが、時間が過ぎればまた不安になってしまいます。

現実の局面に比べて、夢や理想は安心感が漂うものです。

そちらに心を向けた結果、「どんなに苦しくても、やがて必ずよくなる」と信じ込みます。本に書いてある通り、どんな経営者も同じ苦労をしていまに至っているのだと。

しかし、理想や夢を求めるのは悪いことではありませんが、それを逃避に利用してしまうと、現実が見えなくなってしまいます。経営の苦しさは精神論だけで乗り切れるものではないからです。

問題は、現実を直視することです。

よく、社長がわけのわからないことを言い始めたら要注意だといわれます。突然、従業員に対して優しくなったり、人生とはなにかを唱え始めたり、心の話をし出したり、あまりにも現実とかけ離れた話をするようになったときです。

ある社長は、このように言いました。

「私は夢や理想ばかり追いかけてきた気がする。とくに実現不可能なことや、無理難題を押し付けたり、要求ばかりしてきたような気がしている。それは、いま考えると現実逃避だったかもしれない。大切なことは、目の前の現実だった。現実はなにも変わらないし、ある日突然、好転するわけではない。私は私の考え方を変えることで会社がよくなると信じてきたが、どのような行いをしてもなにも変わらなかった。すべての答えは、目の前の現実を直視することだった」

社長になると、ほとんどの人は不安に陥ります。夢や理想はわずかな救いにはなりますが、それだけでは現実はなにも変わりません。

社長の現実とはなにか？　すべて資金繰りです。

不安、恐れ、お金が足りないという恐怖は、現実における最大目標となるものです。
また、これは社長に対する踏絵に近いもので、「改めるべき」ことの一つです。

なぜ、お金が足りないのでしょうか？
なぜ苦しいのでしょうか？
この不安は一体なんなのでしょうか？
もしかすると、無理してはいないでしょうか？
能力以上のことを抱えていないでしょうか？
社員を削れないからでしょうか？
世間体が気になるのでしょうか？
見栄が自分を苦しめていないでしょうか？
どちらにしろ、なんらかの無理をしているから苦しくなるのです。

もう、無理するのはやめたらどうでしょう。
無理をやめることで、どれほど社長も社員も救われるでしょう。

売り上げ追求主義をやめる

会社の目的は利益追求にあります。

利益がなければ会社自体の存続ができなくなるわけですから、赤字では成り立ちません。

また、利益がなければ社会貢献など夢のまた夢で終わります。

さらに、一緒に働いている社員の生活も成り立たなくなってしまいます。

そのため、社長自ら先頭に立ち、叱咤激励を繰り返し、営業し、仕事を増やし続けなければなりません。固定客というものはやがていなくなります。どんなに安定している会社と取引していたとしても、それが生涯続く保証はありませんから、新規顧客の獲得も重大な仕事の一つです。


そうやって馬車馬のごとく働き続けるのが社長の運命であり、宿命といえるものなのでしょう。

しかし、利益追求ばかりしていると、お金に追われる日々が続きます。毎日頭の中がお金でいっぱいになります。まるでお金の囚人のようです。すると、すべての本質が見えなくなります。

最初は誰もが夢や理想に燃えて出発したはずなのですが、現実にぶつかり、その現実に振り回されてしまいます。

ある社長はこう言いました。

「こうして気晴らしにお酒を飲みに来ても、悲しいかな、一杯飲んだらいくら、三杯飲んだらいくらかかると考えてしまう。社員が無駄遣いすれば文句を言ったり、会社の電気代や社員の使うコピー機の枚数や電話代まで気になってしまう。その結果、私はなんてせこいのだろう、と落ち込みます」


会社が利益を追求することは、ごく自然で当たり前です。

また、経費を節約するのも当たり前のことです。

問題は、社長が細かいところまで気になってしまう点にあります。

ある社長は、会社の体質を変えました。

「私はお金のことばかり考え続けるのに疲れ果てたので、どうしたらよいか考えました。

それまでは、売り上げ・利益を追求して、そればかりを求めてきました。売り上げのために馬車馬のごとく働き続けるのが当たり前だと信じてきたからでした。

しかし働いている人には申し訳ありませんが、売り上げが伸びなくてもやっていける体制を作り上げることにしました。社員の人数を減らして、最低限度のスタッフだけを残す、しっかりとした利益体質に変えました。最盛期は三十人くらいの規模でしたが、いまはわずか三人で仕事をこなしています。足りない人員は、アルバイトか外注にしました。売り上げを上げずとも、少数でのんびりと稼ぐ方法に切り替えたのです。まあこれまで、能力以上の会社経営をしてきたのでしょうね。私はいま、平和ですよ」

売り上げがなければ経営は行き詰まります。

そのため、経営者は「売り上げ追求主義」になりがちです。

会社経営とは、「利益追求」が正しい姿です。利益がなければ社員に給料を支払えませんし、家賃の支払いや返済もできなくなるからです。利益がないということは、お客様に喜ばれていない結果です。つまり、世の中に必要ではない会社になっているわけです。

ここで短絡的に、「利益＝売り上げ」と考える社長は、売り上げを伸ばせば問題は解決すると考えてしまいますが、それではうまくいかないのです。

売り上げが伸びれば現在の社員だけでは不足するため、社員やアルバイト、パートを増やさねばなりません。すると、資金繰りが悪化して経営がさらに苦しくなります。

売り上げが伸びると同時に支払いが増えます。余剰資金が潤沢なら結構ですが、売上金の入金と支払いにタイムラグ（時間差）が発生した場合、銀行からつなぎ資金を融資してもらう必要ができるかもしれません。このとき、必要な分だけお金を借り続けるのも、社長の仕事になります。


年商数百万円だったころの私の会社は、わずかな売り上げと支払いで成り立っていました。それが年商数千万円、数億円、数十億円の規模になると、どうしても外部スタッフを含めて社員を増やさねばなりません。それに比例して支払額、立替額、銀行からのつなぎ融資額も増え続けます。

また、おかしな現象も起こります。

それは、年商が大きくなればなるほど、固定費を含めた支払額も大きくなり、利益率が減少してしまうということでした。

読者のみなさんには笑われるでしょうが、そのころの私の自慢は「年商」でした。「オレの会社は年商一億だ」「四億を超えた」「六億だ」と「年商自慢」をしていました。

また、銀行借り入れは「信用の証」と思い、銀行から大きな資金を借りるのは会社の信用があればこそという「借入金自慢」がありました。

これらも「社長の病」の錯覚現象でした。

利益拡大主義をやめる

事業を始める者は誰もがその事業を伸ばしたいと考えます。それに間違いはありません。

しかし、ほとんどの社長は無理をしています。

会社の利益は大切なものです。

儲けることも重要な仕事です。

また、儲からなければその会社の意味もありません。

小さな会社の社長も、中堅どころの会社の社長も、気持ちは同じでしょう。みな、事業を拡大するために日々働き続けています。

しかし、なんのために事業を伸ばし、拡大を望むのでしょうか?

もちろん、会社を安定させるため、家族や社員によりよい生活を送らせたいという気持ちから、また儲けることによって社会貢献したいと考えたりもするでしょう。

しかし、このような社長のお話がありました。

「最初は五千万円くらいの年商でした。三年後に一億二千万円、五年後に二億円となり、十年後は六億円まで事業を伸ばしました。自分でもよく頑張ってきたと思います。社員も十名から六十名となり、社員旅行ではバスを二台チャーターしました。

ただ、十五年経ったいま、改めて振り返ると、利益率が減っていることがわかりました。売り上げが五千万円のころの利益率は五十%以上あったのですが、売り上げ一億二千万円で利益率三十%。六億円で二十%、六億円を超えたときは十%以下になってしまいました。もちろん、事業が拡大したためのやむを得ない数字だと思いますが、いまは、恐ろしくて、恐ろしくて夜も眠れなくなりました」

これは自然なことです。

売り上げを伸ばせば社員を増やさねばなりません。それにつれて経費なども数倍、数十倍となります。毎月の人件費や支払いなどを考えると、膨大な費用に膨れ上がります。

その社長は、次のような話をしてくれました。

「私は会社経営が恐ろしくなりました。現在も仕事は順調なのですが、改めていままでの経営を振り返ると、よくここまでやってきたという半面、もうここが限界だと感じました。私は自分の目の前にいるハエを払いのけることができなくなった。それはすなわち、経営者としての私の限界ということです。

私は幹部と相談して、会社を譲る決心をしました。私は現在七十歳です。後進に譲るときがきたのだと思いました。残念ながら子どもがいませんので、後継者は幹部の中から決定しました。この決断は正解だったと思っています。いま、私は二、三人の小さな会社の社長になり、元の会社から仕事をもらうようになりました。私は生涯現役を目指し、楽しく仕事ができるようになりました。なによりも、夜ぐっすり眠れるようになりました」

会社の寿命は三十年から四十年といわれていますが、創業三十年、五十年と続けている会社はたくさんあります。また、七十年、九十年、百年などの老舗もあります。

ただ、経営者は年齢とともにいずれ引退を迎え、二代目、三代目にバトンタッチしていかなければなりません。会社を譲る、子どもを二代目に据える、第三者を代表にする、M&Aで吸収合併を図る、売却してしまう、会社をたたむ、などのさまざまな選択があります。

ところが、後継ぎがいない、残った借入金や資産の処理の目途が立たないなどで、事業継承が困難な会社もあります。余剰資金が残されていれば問題はありませんが、中小企業のほとんどが経営難に追われているのですから、会社を譲ることは現実的にはむずかしい問題です。

しかし、会社を譲る場合、新しく起業したい者、なにか新しくチャレンジしたい者にとっては、事業内容や実績をそのまま活用できるというメリットがあります。ですから、会社を譲る場合は、業種や資産などではなく、会社内容と業態が大切なポイントとなります。

また、七十歳であろうが、八十歳であろうが、そのまま仕事から引退してご隠居となる人生の選択もよいことですが、引退後はできる範囲で世の中に貢献する人生の選択も素晴らしいことです。

人は誰もが千差万別で貴重な体験や経験を持っています。

売り上げ第一主義、利益追求主義だけの経営ではなく、体験や経験を活かした小さくとも楽しい仕事のできる会社を作り、生涯現役を目指す経営もよいかもしれません。

ただし、その会社もいずれ誰かに譲ります。

そうすれば、会社は永遠に残り続けます。

一人ひとりの社員の意見を聞く

会社が大きくなると、社員を増やさなければなりません。

すると、さまざまな人が現れます。不平を言う人、文句を言う人、派閥を作る人などです。

一生懸命に仕事をしている人たちの環境を壊す人もいます。

しかし、社長としてみれば、どの社員も同じ従業員ですからあまり差別はできません。その半面、多少問題がある人であっても、会社に貢献している人を重視してしまいがちです。売り上げをちゃんと確保する人は重宝です。

また、組織というのは不自然なもので、社員は社長の前での態度と、社員同士のときの態度がまるで違うため、なかなか実態が掴めません。そのため、「社長という病」がさらに拡大してしまいます。

それは、誰を大切にしたらよいのか、誰の言葉が真実なのか、という実態が掴めないことで起こります。

社長にしてみれば日々が外との戦いですから、内部に目を向ける余裕はなくなります。だからといって放置しておくわけにはいきません。そのための副社長であり、専務取締役や部長、課長、係長のはずです。

しかし、現実はどの会社においても、人事トラブルが絶えないことは事実です。内部のトラブルによって会社の機能が停止してしまい、その会社が倒産に至るケースなどもあります。

このように社員が増えれば増えるほど、内部的な争いが絶えなくなってしまいます。

ある建設会社の社長は、このトラブルを解消するために次のようなことを考えました。「私はね、誰が悪いとか、誰が正しいとか社員から聞くのに疲れてしまいました。いつもなにかしらのトラブルが起き、なんのための幹部なのか、と怒鳴っていた時代もありました。

トラブルがあるたびに社員がやめてしまい、いつも社員を募集するはめになっていたからです。

ただ、ふと思ったのです。会社の不満はすべて私が生み出しているのではないか。

しかし、管理職を集めて何度も会議をしてきましたが、答えはありませんでした。そこで、社員の人事を人任せにしないで、直接一人ずつと話をするようにしました。アルバイト、掃除のおばちゃん、外部の取引先の方々など、とくに現場の人間たちからの意見を聞くようにしました。

すると、いままでは考えられない発言や、耳の痛い意見などをたくさん知るようになりました。私はそれらのすべてを受け入れて、会社の改善を図りました。おかげで、社内が明るくなり、いままでのようなトラブルがなくなったのです。最近では、会社経営などのことも聞くようにしています。改めて思ったことは、すべての答えは現場にあったということでした」

こうして、この会社の社長は、社員との意思疎通ができるようになり、人事の悩みがなくなりました。

社員からの苦言を受け入れる

誰もが社長になると見えなくなること、感じなくなることが多くなります。それは、社長自身は社員に対して平等、公平の精神を持ちますが、社員から見た社長という目線はだいぶ違うからです。

それは、お金を支払う立場ともらう立場の違いです。

そのために、社長が社員から真実を聞き出すということはとてもむずかしくなります。

社員は言いたいことをいつも我慢しています。

耳を傾ける社長には素直に意見を言ってくれますが、現実には社員の意見を聞く社長は多くありません。

しかし、それでも社長は会社の実態を常に把握しなければなりません。放置していては、やがて会社が成り立たなくなるからです。

あるホームページ制作会社の社長が、そのことで面白い考え方をしていました。

「私はまず、社員を信頼します。彼らの意見をすべて受け入れるようにしています。彼らの意見を一切否定しなければ、自由な発言が生まれるからです。

以前の私は、社員の意見など耳に入れたことはありませんでした。聞くたびに腹が立ち、私の気持ちなどわかってもらえない、という意識があったからです。そのために、耳に心地よい意見ばかり聞いていました。しかし、経営はどんどん苦しくなってしまったのです。

そんなとき、ある社員の言葉が私を変えました。それは、

『社長の考え方は間違っています。もう、ホームページ制作会社としての活動には無理があると思います』

というものでした。私はとてもショックで、その晩は眠れませんでした。なにも苦労のわからない社員の言葉だと思ったために、悔しさで眠れなかったのです。そして、次の日にまたその社員と話をしました。すると、

『昨日は社長に失礼なことを言って申し訳ありませんでした。私は会社をやめるつもりで勇気を出して話したのです』

『で、なにかいい知恵でもあるのかい』

『はい。ホームページ制作を無料で行い、そこに入れる広告制作を専門にする会社に変えることです。ホームページ制作は価格競争のど真ん中のため、利益が出せなくなりつつあります。そこで、制作費は無料で広告はその会社や団体に集めてもらい、広告制作費をいただくシステムにしたらどうかと考えました。業種は変わりませんが、広告代理店機能を持った業態に変えたらどうか、と思いました』

私は驚きました。翌日から私はその社員の意見を取り入れて営業に奔走するようになりました。その後、その仕事が順調に運ぶようになり、彼を責任者として迎え入れました」

社員が提言、意見すると、怒る社長がいます。

とくに入社したての新人や、平社員、他の会社から入社した者たちに対して顕著です。これは創業社長に多いといわれています。裸一貫で血と汗を流し、苦労に苦労を重ねてきた経験から、「私の気持ちがわかるはずがない」と思い込んでしまうためです。

その思い込みからか、本当の現場のことがわからない、外部のコンサルや経営者の意見には耳を貸してしまいます。

その結果、ますます社員の提言や意見を「苦言」に感じてしまうのです。

自分が作り上げた会社ですから、耳の痛い意見を批判に感じてしまい、耳を貸したくなくなるのです。

私もかつては「私の気持ちがわかるはずがない」と思い込んでいた社長の一人でした。

あるとき、社員が「あのお客様は注意してください。取引をやめたほうがいいと思います」と意見してきました。

私は「なぜ？」と聞きました。

すると、「あのお客様は、私たちの前での態度と、社長が前にいるときの態度が違いすぎるので、信用ができないのです」と言いました。

このとき、私はその社員を叱りました。

私のほうがそのお客様と話している回数は多いし、私はそのお客様を信頼している。その大切なお客様を批判するなど許せるものではなかったからです。それに大口の契約のお客様でしたから。

しかし、契約が成立してからというもの、そのお客様はまるで変身したかのように無理な注文、希望、執拗《しつよう》な値引きなどを続け、最終的にはそのお客様との取引は赤字になってしまいました。


私になぜそのことがわからなかったのか？

なぜ、見破れなかったのか？

結局、最終代金もお金を支払ってもらえず、裁判となり数年かけて回収できましたが、大赤字となりました。

なによりも、貴重な意見を伝えてくれた社員の言葉は、いまでも忘れられず思い出します。


私は、お客様に多少の問題があっても仕事がほしかったのです。大口の契約を取りたい一心で、嫌なことに目を瞑《つぶ》ったのです。

その結果、なにも見えなくなってしまったのです。自分のことが自分では見えなくなるように、医者が自分の身体を診断できないように、自分の都合、主観だけで判断してしまったのです。

しかし、その社員には相手の本性がよくわかっていたのでした。

この一件があってから、私は思い込みの強い自分の判断の甘さを認め、その社員に謝り、意見を注意深く聞くようになりました。大切なことは、自分の主観、都合だけで判断しないようになりました。

社長は社員のことがわからなくとも、社員は社長の性格や考え方をよく見ているのですね。どうやら、ここに会社を伸ばす秘密がありそうです。

「お金という病」を治す

お金の病に陥る一番の原因は、お金には「しるし」がないことです。

その「しるし」とは、自分のお金なのか、他人のお金なのか、誰のお金なのかという問題です。

たとえば、仕事の代金としていただいたお金があります。それを自分の財布に入れておくと、自分のお金のような錯覚が起きてしまいます。百万円の現金が財布にあるだけで、たとえ他人のお金であっても、自分のもののような勘違いが起こります。

別の集金袋に入っている場合は別です。

もし、出先でほしいものの、必要なものに出会ったとき、自分のお金がなくても、後で返せばよいのですから、一時的に拝借して購入してしまうかもしれません。もちろん、後ですぐに返すわけですから、特段の罪の意識など起こりません。

しかし、それを繰り返し続けると、完全に錯覚を起こしてしまうものです。ここで、自分のお金か他人のお金かの区別がつかなくなります。

また、このようなケースも起こります。それは、支払う立場の者たちです。もちろん社長に支払いの最終決定権がありますが、社長も会計担当者なども、金銭を扱う者はみな錯覚を起こしやすくなります。

それは、お金を支払う者といただく者の違いです。

お金を支払うと、受け取る側は頭を下げて感謝します。すると、支払う側は、常に感謝されているわけですから、自分を偉く感じてしまうのです。

ある八百屋の店主が、そのような勘違いをしないために、次のようなことをしていると言います。

「八百屋という商売柄、昔ながらの笊銭《ざるせん》が私の店のレジです。悪い言葉でいえばどんぶり銭です。どうしてかって? それはね、自分のお金なのか、他人のお金なのかがわからなくなっちまうからだよ。

ただ、毎日が支払い日、毎日が入金日という現金商売だから、現金を留めておくことがむずかしい。金がいっぱいあれば別だが、毎月の締めで支払いをすると、売り上げが自分の金のような錯覚を起こしてしまう。それに、無理な、無駄な仕入れはしたくないから、いつもニコニコ現金払いにしている。だってお互いにそのほうが嬉しいじゃない。

一日三万円の売り上げで一万五千円の支払いがあるが、一万五千円は人の金、残りのお金が会社のお金だ。私の給料は、そこからすべてを差し引いて、二十五万円いただいている。それだけだね、自分のお金は。

だがね、そのお金すら家族を養うお金だから、本当の私のお金はわずか三万円くらいだね。まるで、サラリーマンと変わらないよ!」

人間は不思議なものですぐに錯覚してしまいます。

たとえば、一日三万円の売り上げがあり、月に九十万円、年商一千八十万円となると、気持ちが大きくなります。これがさらに、年商一億、三億、五億となるとますます勘違いしやすくなります。

お金に「しるし」をつけると現実がよくわかるかもしれません。自分の自由にできるお金などないのかもしれません。

「社長のお金」など存在しない

よく、「私はお金を手にしないようにしている」という社長がいます。

それは、会社のお金と自分のお金を区別しているからだと言います。

しかし、現実に区別できているかどうか、というとどうでしょうか?

社長になると、当然ですが現金を手元に置かず、銀行の通帳に入金します。すると、その通帳の印字がお金の基準になってしまいます。毎月の集計、金銭出納簿、決算書なども同じで、パソコンの印字がすべてとなります。

このように入金、支払いなどすべてが数字で判断されます。確かに便利な時代となりました。がその半面、現金という意識が薄くなりました。

買い物はカード決済ですまし、電車もバスもタクシーもカード。財布の中身は小銭くらいですみます。

すると、お金は幻想に近い、バーチャルな存在になります。

こうなると、自分のお金ではないという意識は生まれますが、誰のお金でもなくなるという他人ごとになってしまう恐れがあります。集金は振り込み、支払いも振り込み、こうしてすべてが印字だけの判断となります。

社長になると、お金の厳しさ（資金繰り、決済の苦しみ）を知ります。

お金は、「入るお金」と「出るお金」の二種類しかありませんが、お金の厳しさは「出るお金」にあります。

毎月確実に安定している入金がある場合は別ですが、請負業のように数カ月までは予定が組めるが、数年先の予定が組めないという会社のほうが多いかもしれません。

しかし、どうして資金繰りで悩み、苦しむのでしょうか？

もちろん、「入るお金」が足りないから、「出るお金」で苦戦するわけです。でも、それだけなのでしょうか？

「私は、小切手も、手形も切らない。常に現金払いで仕事をしています。小切手や手形、締日支払いは、借金と同じだからです。その場では現金が動きませんが、数日、数カ月すれば現金が必要になるわけですから、借金返済となんら変わりません。

一時的には小切手や手形、締日支払いが楽そうですが、先のことなんて見えないし、昔でいう『ツケ』と借金は同じものですよ。

実は私は、長年、小切手や手形で支払いをしてきました。

下請けにしてみれば、それがあれば銀行で融資が受けられるわけですから、早く現金化したいという希望に応えて支払いをしてきたのですが、結局誰かに借金をさせているわけなので、それも同じことです。

私も借金、下請けも借金という世の中です。すると、お金の価値観が数字だけとなり、現実感が薄くなってしまうのがわかりました。ポケットに一万円あるのと、通帳に一万円あるのとでは現実感がまるで違うのです。

それと、お金はなければ支払うことができませんが、あれば支払うものです。ですから、お互いが無理をしない関係が大切だと考えました。手形、小切手であえて支払いを先延ばししている会社もあるようですが、お金はあれば支払うものなのです。他人に支払うお金でも、たくさん集まれば、自社の金融資産、自分のお金だと勘違いしてしまいます。すると、経営判断が甘くなります。

私は、本当のお金だけを通帳に残したいと考え始めました。そして、支払いはすべて現金で支払うことで、勘違いを防止するとともに、お金の価値やありがたさを感じることができるようになりました。現金で支払いをすると、取引先の人たちは感謝してくれました。私は、現金をお渡しするときには、必ず『ありがとうございます』と言いながら渡すようにしています。

原始的だと言われますが、パソコンの印字ではなく、『手書きの金銭出納帳』をつけるようになりました。これは、誰に見せるものでもありません。あくまでも自分のために、自分の金銭感覚を誤らないように、明確にするためのものです。私はいま、自分のお金は存在していないという実感があります」

これは、あるコンピュータソフト会社社長のお話でした。

お金ってなんでしょう?

「仕事を円滑にするためのもの」
「生活するための大切なもの」
「生きていく上での必要不可欠なもの」
「幸せになるためのもの」
「ほしいものを手に入れるためのもの」
「安心できるもの」
「困ったときに助けてくれるもの」

等々です。しかし、電車もバスもタクシーも買い物も、最近は現金を持ち歩かずカード一枚で支払う人が多くなりました。確かにとても便利な時代になりましたね。

その半面、お金を使うという実感がなくなり始めました。

カードは見た目やファッション的にもステータスとして利用されています。

しかし、すべて後払い、ツケ払いです。後払いということはその間、カード会社から借り入れしていることになります。

もちろん、銀行カードのキャッシングなども借金なのですが、若者たちには借金ではなく、キャッシングという耳に心地よい言葉なのです。

そして、請求書には支払いが印字され、銀行引き落としが常ですね。

このようにお金の常識がこれからの時代はさらに変化するものと思われます。しかし、お金には変わりません。


最近、本屋さんに行くと、家計簿や金銭出納帳なるものが出回っているのに気づきませんか？

パソコンやスマートホンでできる時代なのに、アナログで手書き記帳式の家計簿が大量に売られているのです。

これは時代と逆行しているかのように感じますが、パソコンやスマートホンで数字を打つというデジタルでは金銭の実感がわからなくなるので、原始的な手書きの家計簿によって金銭感覚を意識づける役目を果たしているものです。

自分のお金なのか？
他人のお金なのか？
支払いのお金なのか？
こづかいや遊興費なのか？
返済のお金なのか？
それとも貯金なのか、がわからなくなってしまう時代です。

会社の売上金は社長のものではありません。入金も支払金もすべて人のお金です。社員の人たちの給料などもその社員のものではありません。
毎月決められた給料が銀行に振り込まれ、生活費を除いたすべては他人のお金です。

残された自由に使えるこづかいが自分のお金なのでしょうか？　いや、こづかいさえも洋服屋に支払うお金、飲食店に支払うお金となるわけですから、もしかすると誰のお金でもないのかもしれませんね。

ただし、貯金は自分のお金ですね。

借入金という麻薬

よく、「借金も財産だ」「借金は信用があるからできる」「信用がなければ借金ができない」と言われていました。

私もそう信じてきました。確かに、信用がなければ借金ができません。私は、初めて銀行から借り入れができたとき、とても嬉しかったことを覚えています。

いや、感動しました。これでようやく社会から認められたという喜びでした。

事業計画書を作成し、売り上げ計画、返済計画、支払い計画、そして資金使途を必死で作成し、他の場所でさんざん断られた後でしたから喜びは大きいものでした。

そして、会社の成長とともに銀行借り入れも増えていきます。そのうちに、私は大きな勘違いをしていきました。会社の通帳に数千万円、数億円という借入金が印字されたことにより、気持ちが大きくなったのです。

なぜ、気持ちが大きくなるのでしょうか？
人は大金を手にすると、誰もが同じ気持ちになるのでしょうか？

借金をする場合の「信用」とは、融資先のリスク回避が中心となり、借り入れした人からの確実な回収が見込めるかどうかが判定基準となります。もし、借り主が返済できない状況に陥ってしまった場合は、確実にその資金を回収しなければなりません。

そのためには、第三者の公的保証機関（保証協会等）、第三者人的保証、物的保証（土地や建物、有価証券等）を差し入れねばなりません。もちろん、現在の売り上げ状況や取引先企業などもその評価の対象となります。

しかし、社長はそれを自らの信用と勘違いしてしまうのです。借入金は、どのような会社であってもリスク回避ができる条件が整えられれば、誰もが借り入れできるものなのです。私が特別な者でなくても借り入れはできるものなのです。

人は不思議なもので、
「明日からどうしよう」

「もう経営ができない」
「倒産するかもしれない」
「お金が足りない」
などの状況に陥ると、まるで大きな病にかかったように落ち込みます。お金の不足は恐ろしいものです。借金による自殺者も後を絶ちません。

しかし、長い苦しみが一瞬で回復できるのもお金の魔力の一つです。あれだけ悩み、苦しんできた者が、借金をすることで息を吹き返すのです。しかし、それは一時的な処方で、またお金が足りなくなれば同じ症状となり、繰り返します。まるでお金とは麻薬のようなものです。

「確かに、設備投資することにより、人件費を抑え、利益率や作業効率がよくなるための借金は必要だと思います。借金は悪ではないし、病気の根源でもありません。問題は、その借金は決して自分のお金ではない、資産ではないということです。

つまり、それを利用する社長の考え方に問題があるのです。ほとんどの人が借金をして、その恐怖心もわからずに仕事や生活を送っていますが、借金しなければならないビジネスは、大手企業でない限り、これからの時代にはそぐわないでしょう。

私の場合も、借金は怖いものだという意識が麻痺してしまっていました。借金は自分のお金ではありませんが、自分のお金で責任を取るものです。自分の責任で取れない者は、借金をしてはいけないのです」

という社長さんの言葉を肝に銘ずるべきでしょう。

借金をする、それはお金が足りないから行うわけです。

お金があれば、当然のことながら借金をする必要がありません。

仕事で売り上げを確保することは大変な努力が強《し》いられます。

借金で資金を調達することは、その場しのぎの甘えになります。保証、保全関係がしっかりすれば誰にでも簡単に借り入れができるわけですから、売り上げを上げるほどの努力はありません。

つまり、複数のお客様からの収入ではなく、一本釣りの借入先であるからです。そして、なによりもその場しのぎの経営となり、実態が掴みにくくなります。病を加速するお金の病、お金の扱い方を誤ると麻薬になるのです。

倒産という恐怖

社長になると誰もが恐れる言葉、それは「倒産」です。

確かに、「倒産」という言葉の響きには恐ろしさがあります。

しかし、「倒産したらどうしよう」と考えつつも、実際にその場面に遭遇する者は少ないといえるでしょう。

よく、「戦う前に、負ける話をするな」といわれるように、「倒産」という言葉は不吉なもので、誰もが恐ろしいことと考えてしまいます。しかし、「戦う前に、負ける話をする」ことも、社長としての必要な心構えです。

会社が倒産するすべての理由は「資金不足」です。

資金があれば倒産はありません。売り上げの減少、融資の打ち切りなどとさまざまな要素がありますが、最大の問題は、社長自身の心が折れてしまうことにあります。

「もう、無理だ」

「これ以上は不可能だ」

「お金が準備できない」

「戦えない、戦う力がない」

「どうしたらいいのかわからない」

「生き残る道がない」

倒産する会社の社長さんたちは、みなこのような言葉を口にします。


しかし、実際に「倒産」した場合はどうなるのでしょうか。

「なにも変わらない」と言ったら驚くでしょうか。ただ、倒産前、倒産後の社長のほとんどが心のバランスを失っているため、なかなか実態を把握することができず、恐怖心のかたまりとなってしまいます。


「倒産」した場合、まず債権者が現れます。

債権者とは取引先のすべて、銀行関係等も含まれます。

つまり、支払うべき相手先が債権者になります。倒産した者は「債務者」になります。

倒産の定義は、小切手または手形の不渡りが起こることです。したがって、それらを発行していない者は、会社更生法の認可や自己破産をしない限りは倒産にはなりません。

倒産を確定させるためには、すべての債権者に「倒産する」「倒産した」と公表することが必要になります。

そのため、手形、小切手等の不渡りか、会社更生法の適用、自己破産等の行為がない場合は、倒産ではなく、継続と見なされます。

「倒産」で一番恐れられることは、「債権者」との折衝です。

お金を払うときは恵比須顔、払えなければ鬼と化す債権者たちですから、当然のことでしょう。

債権者の方々も生活しているわけですから、鬼にならざるを得ません。

しかし、倒産状態によって対処方法が異なる場合がありますが、大切なことは、恐れずに事情を説明することです。

「そんなことが簡単にできたら楽だよ。できるわけがない」

と言う人も多くいますが、誠意を持って状況説明することができれば、意外と思っていた恐怖心とは違う展開になる場合があります。

逆に、債権者の前に一切姿を見せずに、逃げてしまったり、第三者に任せきりにしたり、弁護士に依頼する場合がありますが、それだけで解決することはありません。

それは、自分の心の中の恐怖が、さらに恐怖心を呼び起こしてしまうからです。人は心が逃げてしまえば、さらに追われ続けるような錯覚に襲われるものです。

以下、三人の倒産した人たちの意見です。

「私は、倒産したことで多くの人に迷惑をおかけし、申し訳ないという一念だけでした。この罪をどう償《つぐな》えばいいのだろう。私は、怖さで逃げてしまいました。しかし、逃げてもなにも解決しません。町を歩けば、誰かに見られているのではないか、追われているのではないか、探しているのではないか、家族に危害を加えられるのではないかとの恐怖にさいなまれ、いまは、夜さえも怖い状態です」

「私は自己破産を選びました。もうこれ以上は責任が取れませんし、新たに人生をやり直すためにも、恥ずかしながら自己破産しました。債権者のみなさまには、直接お詫《わ》びはできませんでしたが、裁判所から破産宣告通知を債権者に送ってもらい、周知してもらいました。自己破産することによって、債権者のみなさまは納得していただいたと信じています。私はもう一度、やり直しを考えています」

「私は会社更生法の届けをして、現在会社を継続しています。債権者の方々には大変なご迷惑をおかけしていますが、なんとか会社を再興させて、恩返しをさせていただく予定です」

夜逃げ、自己破産、会社更生法と倒産の姿はさまざまです。どの選択がよいとか、悪いとかはありませんが、それぞれの責任の取り方でした。

個人保証という不条理

会社が倒産したら終わる。自己破産すれば債務がなくなる。と考えがちですが、実際はなにも変わらない場合があります。それは、金融機関からの借り入れ時に交わす「個人保証」があるからです。

多くの中小企業の社長の悩みはここにあります。

会社は倒産することにより資本金額以上の責任（有限責任）を負う義務はなくなります が、個人保証（無限責任）はそのまま負債として生き続けます。

つまり、個人の預金や土地建物、資産、有価証券などが差し押さえられてしまうのです。

社長個人の資産の差し押さえだけならばよいのですが、第三者の連帯保証人を差し入れた場合、その連帯保証人の預金、資産、土地建物、有価証券なども差し押さえられてしまいます。

連帯保証人となっていただいている方々までも巻き込んでしまう恐れがあるため、社長は簡単に事業を諦められません。

この場合は、自己破産や夜逃げだけでは解決ができないのです。

そうなる前の身辺整理も必要になります。

まずは会社に資金、体力があるうちに、連帯保証人を抜くことです。それが、なにかあった場合の最小限の誠意であり、会社防衛の一つだからです。

しかし、実際には、銀行や金融会社に連帯保証人を外すお願いに出向いても、なかなか応じてはくれないものです。とはいっても、連帯保証人にも、いつまで保証を続けるのか、外してほしいという権利があります。

ほとんどの人は、会社が倒産または倒産しそうな場合に相談に行きますが、それでは認められません。銀行側にすれば回収するための人的担保なのですから。

また、会社が倒産した場合、または倒産しそうな場合の連帯保証人に対する保護として、社長個人が改めて債務契約（返済計画の変更）を結び直すことはできます。

債務を返さないのではなく、返していくための相談なのですから、堂々と接すればよいのです。それでも認めてもらえない場合は、債権者が訴訟を起こすのではなく、債務者が返済計画の変更を求める訴訟を起こすこともできます。

それでも認められない場合は、連帯保証人自らが、その債務を肩代わりして返済を継続するという方法もあります。その場合は、債務者が連帯保証人に必ず返済していくという約束が必要になります。

このように「連帯保証人」は善意の第三者であり、保証人になったからといって金品をいただいたりするわけではありませんので、最後まで護り通すという覚悟も必要になるでしょう。経営者は、常に最悪を想定し、最高を考えておく必要があるのです。

逃げると追われ、追うと逃げる恐怖

会社が倒産すると、一斉に内容証明郵便が届きます。

もちろん、それはすべて催告状です。

債権者は債務を明確にするために、債権額と支払期日を記載した内容証明郵便を送り、証拠として残します。

初めて内容証明郵便を手にすると驚く人がいますが、これは正当な請求書となります。

また、その内容証明郵便の記載に誤りがあれば、返信する必要があります。


しばらく放置すると、さらにきつい言葉の内容証明郵便が来ます。

期日までに支払いがない場合は裁判を行う、といった予告になります。

さらに、時間が経つと、裁判所から訴状が届き、指定の日程で裁判が行われます。

もし、その裁判の呼び出しに出向かなければ、判決が下り、自動的に債権者の言い分通りの執行が行われます。

そして、数カ月すると、預金、動産、土地建物等に差し押さえが始まります。さらに、土地建物等の競売となります。資産があれば、その競売によって債権者に支払われていきます。

裁判所による入札の競売価格ですから、一般の市場価格よりも低価格なため、不足額のすべては債務者に残されます。そして、債務がなくなるまで請求が続きます。

こうなると、裁判から逃れ、債務からも逃れられるわけではありませんので、資産がある場合は競売よりも任意売買のほうがより高く売れるわけですから、任意で売るほうがよいのです。

裁判にも出向き、堂々と任意販売をして責任を取りたい、またはわずかでも返済を続けるという意思があれば、長期的な無理のない返済方法なども選べます。

事務機メーカーのある社長は、このような決断をしました。

「裁判所というと悪いことをしたものが裁かれるというイメージが強く、怖いと思う人が多いと思いますが、実際にはお役所的、事務的な場所で怖がる必要はありません。弁護士に間に入ってもらい、交渉する場合もありますが、高いお金を払わずに、自分で裁判を受ければよいのです。

答弁書などの書き方や相談なども、無料で裁判所が親切に教えてくれるので助かります。また、裁判の日程なども、都合が悪ければ自分の都合のよい日に変えることもできます。債権者のほとんどは弁護士に依頼しているため、債務者が接するのは代理人の弁護士となります。また、弁護士なしで最終的な裁判が決定したとしても、和解室において決定事項の話し合いが行われますので、そこで自分の都合（返済可能な計画に合わせてもらえればよい）で決めればよいのです。

とても事務的で債権者に直接会って話し合うよりも、裁判のほうが楽かもしれません。このように、裁判所は悪人だけの集まる場所ではありません。

人生は不思議ですね。逃げれば追われると感じましたが、逃げないとこちらが追いかけるような気がして、恐怖心が少なくなりました。私は、自己破産したり、夜逃げをすれば、何人かの連帯保証人の方々に迷惑をかけてしまうので、あくまでも債務者の私が最後まで窓口となっていこう、と決心しました」

最悪を常に考える

会社経営で最も重要なことは、社長自らが自分の都合でものごとを判断しない、ということにあります。

不安や恐れというものは、自らが勝手に作り上げてしまう妄想にすぎません。しかし、この不安と恐れは経営者にとって必要不可欠なものでもあります。

決して無理なことはしない、という飲食店の社長が次のような考え方を話してくれました。

「私は、基本的には、無理をしないことが経営の最善な方法だと思います。無理をするから苦しくなるし、自分の都合のよいことばかりを考えたり、現実を無視するようになります。無理をするから不安に陥るし、無理をしたために恐怖心が育ってしまいます。分相応といいますか、能力以上のことをするから苦しくなるのです。

私の会社経営はすべて最悪の覚悟から出発しています。たとえば、借金をします。しかし、この借入金の返済ができなくなったらどうしようかを考えます。ある日、取引先が倒産してしまった場合はどうしようか。重要なポジションにある社員がやめてしまったらどうしようか。私が病気になってしまったら。銀行が突然お金を貸してくれなかったら。というように、すべてのものごとを最悪に考えています。

会社経営も人生も、いつなにが起こるかわかりませんし、なにが起きても当たり前な世の中です。大地震が起こり、住まいがなくなっても住宅ローンの返済は残ります。銀行は決して勘弁はしてくれないでしょう。それではなにもできなくなってしまうではないか、という意見もあると思いますが、そのようにしている結果、無理のない社長業として経営ができると信じています。

また、反対に最高のことも考えます。考えることには費用などかかりません。タダです。悪いことも考えますが、それだけでは片手落ちです。よいことも考え続けるのです」

「孤独という病」を治す

「社長という病」は、金銭面さえ解決できれば解消すると思いがちですが、お金だけの問題ではなく、「孤独という病」もあるようです。これは、「誰にも理解されない、されていない」と思い込んでしまうことから起こります。

私の顧問先であるインテリア会社の社長は、この「孤独という病」を次のようにクリアしました。

「私も、ずいぶんと酒に溺れた時期がありました。酔うことで気を紛《まぎ》らわし、現実から目を背けていたようです。飲み屋に行けば、社長さんと呼ばれ、お金を使うからでしょうが、どこへ行っても優しくしてくれますし、なによりも気分がいい。甘い言葉は蜜の香りといいますが、つらい現実を忘れさせてくれるのです。

あるとき、友人からこんなアドバイスをもらいました。それは、とても耳の痛い助言でした。

『お前は、逃げ場を間違えている』

というのです。確かに私は現実の厳しさから逃げていました。

『逃げる場所は仕事場だよ、会社だよ』

私は会社に逃げ場などないと思っていました。

『社員たちに一度、お前の寂しさや孤独感を話してみたらどうだ？　愚痴をこぼしてもいいだろうし、悩みを打ち明けたってかまわない。ただし、本当のことを話してみなよ。お前は、いい格好しいだ。もう、そんなに突っ張らなくても、肩ひじを張らずとも、自然に接してみたらどうか。それでも駄目なら、社長をやめるんだな』


私は、その友人の言葉に従うことにしました。その理由は、なんとか現実を打破したい、自分を変えたいという願いがあったからです。そして、私は、本音を社員たちにぶつけました。毎日がとても苦しく、つらいということを。

すると社員たちは、私を馬鹿にするどころか、真剣に耳を傾けてくれたのです。その日から社員たちの目の色が変わり、会社の業績がみるみるうちに伸びてきました。私は、それ以来、会社と仕事場に逃げるようになりました」

誰にも、理解されない、されていないと嘆き続けるよりも、思い切ってその気持ちを社員たちにぶつけたところに、解決の糸口がありました。社員たちは社長の本心、本音を聞くことによって発奮したのです。

社長が会社や社員を逃げ場としたことで、彼らは社長のことを理解するようになり、社長は社員たちのことを理解できるようになりました。

そもそも、社長と社員がお互いに理解できないような会社は、存在意義などないのかもしれません。

「逃げてはならない」という思い込みをやめる

「逃げる」というと、たいていの人は悪いことだと考えます。

私たちは、子どものころから「逃げてはいけない」と教わり、逃げることが悪いことだと信じてきました。

しかし、逃げることは本当に悪いことなのでしょうか？

「逃げるが勝ち」という言葉があるように、逃げて得する場合だってあります。

では、なぜ逃げることができないのでしょうか？

小見出しのように、「逃げてはならないという思い込み」によって、危険から避けられなくなっているような気がします。

それは、蛇に睨まれたカエルのようなものかもしれません。逃げられないために大怪我をする、逃げないために大きな損失を抱える、逃げないために傷がより酷《ひど》くなる。

創業三十年の工務店社長は次のような考え方によって自らの思い込みを外しました。

「どんどん、逃げていいのですよ。逃げて、逃げて、逃げまくれば答えが出ます。私もかつては逃げてはいけないものだ、と信じていました。みなさんと同じく、逃げられないと思い込んでいたのです。そのため、なにもかも背負い、受けて立ち、場合によっては争うこともしてきました。

しかし、それは解決とはなりませんでした。その結果、無理を通して長年社長をしてきました。そのうちに身体がおかしくなり、長期の入院生活となりました。私は、病院に逃げ込んだのです。

退院してからは、私は自分で結論を出すのをやめてみました（最終的には自らが結論を下すのですが）。どうしたかというと、いままでの私は社内のことをすべて決めてきました。どんなに小さなことでも。すると、社員たちには決定権がなくなり、私がいなければなにも決定できなくなってしまいました。

私の入院中に、会社があっという間に傾き、いつ倒産してもおかしくない状況が続きました。これは、私の意思ではなかったのですが、退院してからも自由に動けず、決定ができず、そのために社員に決定させ、最終確認のみを私がするようになりましたら、社員たちが頑張り始めてきたのです。とくに、この会社が危ない、社長には任せられないという不安が出たのでしょうか。みんなが危機感を持つようになりました。

それから、私は逃げるようになりました。みんなの自発性に任せるという考えでした。ただ、逃げるには勇気が必要です。私は『逃げてはいけない』という思い込みから解放され、仕事が順調になりました。逃げていいのですよ、逃げたいときは。大切なことは逃げる場所にあるような気がしますがね」

「逃げる勇気」とは、すごい言葉ですね。

私たちは子どものころから、

「逃げてはいけない！」

「困難には、立ち向かわなければならない！」

「闘いから逃げてはいけない！」

「逃げることは卑怯《ひきょう》だ！」

「逃げることは悪だ！」


というようなことを両親や学校の先生、仕事先の社長さんや先輩たちから学んできました。でも、逃げることが本当に悪いことなのでしょうか？　逃げている人たちも多くいますが、その人たちはみな卑怯者なのでしょうか？

確かに、私たちは子どものころから「逃げてはいけない」という教えを受け、意識の中に刷り込まれてきました。そのため、「逃げる＝悪いこと」と感じてしまいます。

たとえば、子どもがいじめを受け、脅かされ、暴力を振るわれます。本当は逃げても悪くないはずですが、「逃げる＝悪いこと」と意識しているために、蛇に睨まれたカエルのように身動きできなくなります。本当はすぐさまその場から立ち去ればよいのですが、逃げることに恐怖を覚えてしまいます。

ブラック企業で働く若者たちは、その会社をやめればいいのに、「あいつは逃げた！」と言われたくないために働き続け、ついには病気になってしまいます。

会社にとって大きな取引があり、それをやめることが「逃げる」ことになるため、無理してもその仕事をすることになります。

仕事の疲労が溜まり、身体が限界に達しているのにもかかわらず「逃げている」と思われたくないために無理して仕事をし続けます。

嫌な取引先があり、仕事を打ち切りたくても「逃げた」と言われたくない。

会社の上司から酷い扱いを受け続けていた、「逃げたら」笑われるから耐え続ける。

会社が苦しい状況なのに、社員に馬鹿にされ、笑われたくないために、ここで「逃げる」わけにはいかない。

私たちは、あまりにもなにかしらを背負いすぎてはいないでしょうか？

苦しいときには、素直に「苦しい」と言い、大変なときには正直に「つらい」と伝える。うまく行かないときは、「うまくいかない」と報告する。それらは悪いことではありません。

逃げることでもないのです。

そうすることで、お互いの状況を伝え合うことができます。

会社経営は、心をガラス張りにしてわかりやすく伝え合うことで、円滑になります。

他人のアドバイスを素直に聞く

社長はいつも孤独です。

なかには明るく楽しそうに振るまう人もいますが、実際に一人になると孤独感が押し寄せてきます。

でも、本当は一人ぼっちでも、孤独でもありません。それは「社長という病」から自然に起こり、その寂しさやつらさは勝手に自分が作り出している幻想にすぎないのです。

みんなが無理をして、仕事を続けます。我慢して、会社のために、社員のために、家族のために日夜働き続けます。本当は無理をしてはならないのです。本当は我慢し続けてはならないのです。

その「無理」と「我慢」が本来の自分を見失わせてしまうのです。

確かに、会社の大きな目的は、売り上げを上げて、利益を確保することです。そのために我慢や無理が必要になるのですが、本当は、我慢しない、無理しないのが経営というものです。無理や我慢は、いまの仕事のやり方に誤りがあることから生じることが多いのですが、それに気づく社長は多くありません。

無理や我慢が続くと、いつの間にか自分にも他人にも正直でいられなくなります。本音すら言えなくなり、それが孤独感に拍車をかけてしまいます。

そんなときの解決方法は、「相手の話を素直な気持ちになって聞き、行動する」ことです。人は素直さがなくなると、自分一人だという意識と、寂しさ、孤独感が倍増してしまいます。

会社を二度倒産させ、三度目の復帰をしたある社長がこのような話をしてくれました。

「私には素直さが足りなかった。従業員たちは会社の仕事を頑張ってくれていた。遠くからその姿を見ていると、わずかな給料なのによく我慢して働いてくれている、といつも思っていた。

その従業員たちが、私の会社のことを案じてくれているのか、いつも提案をしてくれた。ありがたいことだが、私はそのすべてを否定してしまっていた。

その理由は、彼らが経営のこと、社長という仕事の重責のつらさをわかっていないと思い込んでいたからだ。

だから、よい提案でも、それは現実的にむずかしいと判断してしまっていた。その理由はおかしいことだが、従業員に不安や心配を与えたくないという気持ちからだと勘違いしていた。

本当は、従業員から『会社をこうしたらどうだ?』とか、『こう変えたらどうか?』と言われることに反発していただけだった。それは、私の社長としてのプライドでもあった。しかし現実には、そのアドバイスはすべて正しかった。それを認めると、私が無能力者に見えるのではないかと怖かった。

私の事業の失敗はそこに原因があった。

私は現在三度目の会社経営をしている。今度は、従業員たちは私の先生、社長だと思ってさまざまな意見を素直に聞くようにしている。

すると、事業が好転し始めた。彼らの一つひとつの提案は、社長という固定観念のかたまりの発想力ではなく、柔軟で、自由な意見、自由な考えがあり、それを実践していくだけでものごとの流れがスムーズになった。私は孤独ではない。決して一人ではないと感じるようになった」

自分のことがわかる人はどのくらいいるでしょうか。

わかっているつもりなのに、意外とわからないのが自分のことです。

逆に、自分のことがわからなくても、相手のことはよく見えますね。

私たちは自分の姿は鏡を見ないと見えないものですが、他人の姿は鏡の前にいる自分のようによく見えるものです。

自分の髪の毛に寝癖がついていてもわかりませんね。

スーツの背中に汚れがあっても見えません。

二日酔いで、顔が腫《は》れぼったくても、鏡がなければわかりません。

しかし、他人にはわかるのです。

「今日の社長は元気がないなあ」

「少し、いらいらしているようだ」

「あまり人の話を聞いてくれない」

などと他人にはよくわかるものです。


また、相手も自分のこととなるとまるで見えないので同じです。

一生懸命な人ほど他人に助言します。

ましてや会社のことを真剣に考えている者でしたら、会社のために懸命になって当たり前です。

しかし、社長の立場からすると的外れな助言や、あまり役に立たない情報なども多いと感じる場合もあるはずです。

そのため、そのような助言は無視せざるを得ないかもしれませんが、社員は真剣に伝えようとしているわけですから、それが的外れであろうが決して否定してはなりません。

会社のための助言ほどありがたいものはありません。

社員が的外れな意見を言ったとしても、それを否定した瞬間に、その社員はやる気を失います。場合によっては二度と提案をしなくなるかもしれません。

でも、それが的外れな意見だとしても、静かに聞いてあげることによって、その社員には聞いてもらえているという喜びがあります。

肯定される側にとってはとても嬉しいことです。そして、その社員はそれがきっかけとなり、さらに会社のことを考えて次々に提案や意見を言うようになります。

最終決定は社長の仕事です。

社員の意見や提案を聞くことと決定は違います。しかし、さまざまな社員の意見や提案は、会社に反映させていく使命が社長にはあります。会社を伸ばすのは社員たちの仕事でもあるからです。

社長も、社員に負けずに意見や提案をしてみませんか？

きっと新しい発想や風景が見えるかもしれませんよ。

会社の未来を真剣に考えている社員の声を聞く

「会社経営に安定などない。あるのは無限に続く不安定だけだ」と言う経営者が多いのですが、その理由は至って単純です。

それは、明日の保証、来月の保証、数カ月先の保証がなく、数年先が見えないからです。それが、不安という病に陥る症状の一つといえるでしょう。

会社が経営悪化状態に陥る場合は、売り上げや利益の減少が大きく左右することは誰にでもわかると思いますが、問題は外部の営業先だけではありません。会社の売り上げを伸ばすためには社員が必要になります。

そのため営業マンを増やしたり、製作者を増やしたりしなければなりません。すると社員の数が増え、社員同士の内部の対立が起きたり、突然の辞職が発生したりします。または会社をやめるだけでなく、企業秘密や、顧客などの取引先ごとやめてしまうものも多く、会社の損失が内部から噴き出る場合もあります。

こうなると、社長にとっては日々が針のむしろ状態になってしまいます。

重要なポストの者がやめてしまうだけで、会社の存続に関わるからです。

社内での派閥や内部対立はどの会社でも起きています。考え方の違う社員同士のすべてが仲がいいとは限りません。


また、社長になり社員が増えると、現場の現実が見えなくなります。

それは、現場を社員に任せているのですから当然のことです。

そこで、社長の現実判断力が鈍くなります。


ある会社の社員は、社長には評判がいいのですが、同僚からは嫌われています。どう嫌われているのかというと、社内での和を乱す者だからです。言葉づかいがきつかったり、気分屋で他の者に八つ当たりしたり、態度も横柄だからです。

しかし、社長の前では別人に変身し、社長に一目置かれる存在なのです。

社長が不在のときの態度は豹変し、同僚たちはいつも困っていました。

あるとき、見かねた社員が直接社長に相談をしたのですが、社長からまったく相手にされませんでした。それも当然なことです。その人は社長には想像もできないくらい、社長の前では立派な人格者なのですから。

その相談を持ちかけた社員は、やがて会社をやめてしまいました。その後、次々と社員がやめていき、会社は倒産してしまったのです。

多くの人に支えられていることに気づく

すべての社長は多くの人に支えられています。

一人ぼっちだと孤独感を味わう社長のほとんどが、ものごとの本質が見えなくなっています。現実を目の当たりにしたくないという心理が働いているためかもしれません。

孤独感は、自分の中に閉じこもる、自分中心にものごとを判断してしまうという傾向を強めます。

その結果、自分だけにしかわからない、他人に話しても理解されない、という考え方が強くなります。すると、孤独感に拍車がかかります。

「こんなに苦しいのに」
「こんなにもつらいのに」
「誰にも理解されない」
「もう、やめたい」

さらに、

「笑われたくない」
「馬鹿にされたくない」
「信用を失いたくない」
「こんな程度か、と思われたくない」

このように自分を否定の殻に閉じ込めてしまいます。

しかし、本当は多くの人々に支えられているのが会社であり、社長の姿といえます。実際に一人でできることなどなにもないからです。

どうやら、「社長という病」の正体は、「心の持ち方」「心のあり方」にあり、自分勝手な妄想や「思い込み」のような気がします。

その自分勝手な「思い込み」を外す方法を教えてくれた人がいました。

年商約十五億の売り上げを記録し、社員数約百五十人の会社の社長ですが、内部の問題で倒産寸前となり、そこから復活を果たした飲食チェーン店の人の貴重な話でした。

「経営は、とても苦しいもの。私は馬車馬のごとく三十年以上働き続けてきた。だが、会社の内部で造反が起こり、大量に従業員がやめてしまい、営業を継続することができなくなってしまった。

原因は身から出た錆、経営の甘さからだった。私自身に原因があった。会社が倒産する直前になり、私は生まれて初めて家族や兄弟にこのことを相談した。みな、青天の霹靂《へきれき》のような顔をしていた。

私はいままでの状況、現在の状況、なによりも数十年間苦しみ続けてきたこと、つらかったことのすべてを吐き出した。後日、社員を全員集めて同じ話をした。もう、みっともないとか、恥ずかしいとか、プライドなどなかった。

それができたのは、みんなにこれ以上の迷惑をかけたくなかったからだ。私は、すべてを話し続けた。全力で努力してきたことも伝えた。

すると、家族や社員たちは、この状況を理解してくれた。むしろ、家族や社員たちは、なにも説明しなくても、私の姿を見ていただけでわかっていたようで、冷静に話を聞いてくれた。

私は、家族や社員たちから軽蔑《けいべつ》されると思っていた。また、軽蔑されて当然だとも感じていた。しかし、『社長、本当のことを言ってくれてありがとうございます。僕たちはたとえ会社が倒産しても残りますよ。社長がそのまま社長でいてくれたなら』という言葉に私は驚いた。

しかし、もう会社を存続することは不可能なところまできていた。私は、みんなの期待にはそぐ得ないと話した。

すると、『社長、まだやるだけやってみませんか？　多くの社員がやめてしまったのだから、いままでの人件費の十分の一ですみますよ。頑張ってみませんか』と言われた。私は涙が止まらなかった。

『社長の大変さはわかっていました。ただ、もっと早く話してほしかった。僕たちは、やめて行った人たちほど能力はありませんが、現場の仕事は負けませんよ！』との言葉も出た。

私は翌日から銀行や取引先をすべて回り、現状についての本当の話をした。二十軒あった店も五軒に減らした。返済や支払いなどはすべて長期に切り替え、売り上げが安定したら完済するという条件で再出発することになった。


私の大きな支えは、理解してくれた家族と、残ってくれたわずか十人の社員たちだった。私は彼らのためだけを考えることにした。私のことなどはどうでもよい、この者たちだけにはせめて恩返しをしたい、と。

本当の社長は彼らだった。私はその十人と家族に雇われた一従業員として再スタートすることにした。私の仕事は、その十人の社長たちの考えや意見を取り入れることだけだ。

すると、いつの間にか、私には怖いものがなくなった。不安や心配などもない。夜はよく眠れるし、支払いや返済も怖くなくなった。無理はしないで、自分のできる範囲で誠意を持って銀行や業者さんたちと接している。

最初は、困った顔、怒った顔だったのが、時間が経つにつれて、いままでのような顔に戻りつつある。六十五歳を超えた私だが、人生でこんなにもやりがいのある、楽しいと思った仕事はない。後十数年以上は働けると思う。いまは、こんなにも大勢の人たちに支えられていたのだ、という喜びしかない。

私は、社長なのだが、社長という考え方、思い込みを捨てることができた。みんなが社長で、その社長に仕えるのが本当の社長の姿というように、いまは感じている」

どこの社長も孤独です。

誰にも理解されない、誰も理解してくれないと深い悲しみに包まれています。深い孤独感と強烈な寂しさ、そしてやり場のない苦しさ。いったいいつのころからだろう、こんなにも寂しい人生になってしまったのは。もう、生きるのも疲れてきた。

ああ、愛されたい……。

重度の社長の病です。

誰もが社長になると、社員のため、家族のため、お客様のため、取引先のためと思い込みます。また、そう思い込むことによって自分を正当化しているのかもしれません。

そう思い込むことによって、自らを奮起させている場合もあります。すると、多くの人を支えているのが自分で、支えられていない自分がいると感じ始めてしまいます。このように「孤独感」は、自己中心的にものごとを捉えてしまう病の一種です。

父親や母親が子どもたちを支えているように、社長だけでなく、社員たちも会社や家族を支えていると考えています。このように本来は互いが支え合う環境の中に私たちは存在しています。


しかし、その「支え合い」は見えるものではありません。人は見えるものばかり信じてしまいますが、見えないものを信じることも重要な問題です。

社長は社長でなければならない。社員は社員でなければならない。社長と社員は互いに相容《い》れない関係であると、社長も社員も思い込んでいるようです。

しかし、会社がなくなれば互いに新しい職を探さねばなりません。

会社が利益を出せば配当を出さねばなりません。社長も社員もその会社という「場」で生活が成り立っているわけですから、同じ目的のある者たちです。

社長と社員の違いは仕事の内容だけで、会社から給料をいただいているわけですから、立場は一緒だとも考えられます。

ですから、「社員」は社長としての意識を持ち、「社長」は社員であるという意識を持つ必要があるわけです。

社員は給料を社長からもらっているわけではなく、自分たちの会社からお金をいただき、社長も会社から給料をいただいているという意識です。

すると、社員は経営を学べるようになり、考え方や行動が変わります。

すると、社長と社員の意識が重なり合い、「支え合う関係」が感じられるようになります。

社員たちは社長を支え、社長は社員を支える関係です。

そうなればもう、社長なんていらないかもしれませんね。みんなが社長になるのですから。

社長って素晴らしい

私が社長になってから、四十三年が過ぎようとしています。

その間、いくもの会社を潰しましたが、それでも懲《こ》りずに会社経営を続けています。

その理由は、会社をやめても人生経営は生きている限り続くからです。

また、会社をやめても、仕事をしなければ生活ができません。

サラリーマンの人たちは六十歳で定年を迎え、退職金で最後の住宅ローンを完済し、晴れて無借金となります。

しかし、人生はそれで終わりません。

確かに夢の年金生活も素晴らしいとは思いますが、わずかな年金だけでは老後を安心して暮らせるわけではありませんね。

そのため老体に鞭《むち》打って仕事を探し始めます。

ハローワークや求人広告にはたくさんの募集がありますが、年齢という壁があるため、自分の思うような収入と仕事内容は、夢のまた夢にすぎません。

では、自分でなにか起業してみようか？

でも、怖い……。

ああ、人生はこんなにも大変でつまらないものなのでしょうか。

でも、会社ってなんでしょうね。

単なる生活のための手段、金儲けためのの方法？

人はなんのために会社を興すのでしょうか。

現在の私は会社経営を続けています。会社という法人格をいくつも持っています。

さらに、毎年会社を設立していこうと考えています。

その理由は、会社というものは属人的でなく、自分以外の別人格を持つものだからです。従来の会社に対する考え方は、一つの会社を生涯に持ち、誰かに譲るか、解散するか、倒産するかというものでした。しかし、会社自体を財産と考える人はあまりおりません。

たとえば私の会社は倒産しましたが、現在も存続しています。会社は廃業届を出さない限り残り続けるからです。

また、多額の借金もあります。しかし、新しく作った会社のすべては無借金経営です。日本は会社を倒産させたら敗者復活ができないといわれていますが、それは本当でしょうか。

確かに法的責任、道義的責任は残りますが、多くの復活している経営者がいることをご存じでしょうか？

私の新しい会社は無借金経営で、現在も仕事をこなしています。この新会社は誰にも迷惑をかけず、利益も出し続けています。

私の新会社のほとんどは、「合資会社」か「合名会社」です。

その理由はわずか六万円の印紙代で登記でき、設立できるからです。

株式会社は資本金がゼロ円でも設立できるようになりましたが、設立費用が三十万円から四十万円必要になります。さらに五年後には資本金が必要です。

ならば、六万円で出資金や資本金なしで設立できる合資会社、合名会社を五つくらい作ればいいという考え方です。また、設立費用ゼロ円のNPO（特定非営利活動法人）も三つ作りました。


会社は新しい財産形態です。

自分で経営しても、他人に経営を任せるのも自由。他人に売ることも、貸すことも自由。合併させることも可能です。

また、あるアイデアがあり、そのアイデアを中心とした会社を設立して出資を募ることもできます。もちろん出資者には利益が出たら配当をしなくてはなりません。

出資というと驚く人もいますが、大きな考え方ではなく、無理のない方法が前提です。そのアイデア会社に一人一万円からの出資で十人、五十人、百人の出資者を募る方法もあります。これは借入金ではありません。返済の必要のない出資金です。

あるパン製造販売工場は、私の提案で六つの合資会社を設立しました。

本社、工場、配送部門、販売部門（店舗四店）の本社を除く六カ所を別会社にしました。

もちろん社長が六人です。

これにより、製造部門、配送部門、販売部門の無駄な部分、経費節減、売り上げ、経費等の明確化、利益配分の細分化、作業効率の回転と各部署の責任感が生まれました。

それぞれが小さな規模になりましたが、一番が効率、利益率がよくなったことでした。

図体が大きくなり、小回りの利かなくなった会社に合資会社を取り入れた分社経営がうまくいった例です。

もちろん、本社を除いてすべてが健全な無借金経営であることはいうまでもありません。


大不況、ものが売れないと叫ばれる時代。

定年後に働く場のない人たち。

会社をやめていく人たち。

なにか新しいことにチャレンジしようと考えている人たち。

図体が大きくなってしまった会社の経営者たち。

もう一度やり直そうと考えている人たち。

あなたたちも社長になって、世の中のお役に立ってみませんか？
ただし、本書をよく読んで「社長という病」にならぬよう心がけ、支え合う会社の社長になりましょう。

私は、初めて手にした社長の名刺を思い出します。
もう一度、あのころに戻り、病のない経営を目指しています。

ああ、社長って素晴らしいね。

第3章

「社長をやめる」勇気

会社組織からの解放

社長業をやめるには「会社組織からの解放」と「心理面からの解放」の二つの苦しみがあります。

一つ目の「会社組織からの解放」は、社長という責任の重さに伴うものです。

多くの社員が働いていれば、その人たちの生活を護らねばなりません。「解散しますから、明日から来なくていい」とは簡単には言えません。

「社員をやめさせる」ということにはものすごいエネルギーが必要になります。

会社の売り上げが落ち込み、これ以上人件費を払い続けることは苦しい。しかし、一人の社員が減るだけでも年間を通せば負担が軽くなる。頭を下げてやめてもらうことも必要だが、つらい。

その社員の生活はどうすればいい。解雇したら他の社員はどう思うのだろう。社長のことを蔑《さげす》むかもしれない。取引先も驚くかもしれない。

なによりも、恥ずかしい、みっともない。だから、簡単には社員をやめさせることなどできるものではない……。

しかし、このまま経営を続けて無理を重ね、ある日突然会社が倒産した場合、社員たちは全員、新たな働き先を探さねばなりません。現実には再就職は簡単ではないでしょう。なによりも、心の準備ができていないため、大きな負担を社員にかけてしまうことになります。

そうなる前に、個人的な感情を捨ててでも、社員に現状を正直に話しておくことが重要な課題です。

心理面からの解放

恥ずかしい。みっともない。

世間からどう見られるのかが怖い。

社長が会社をやめたいと考えても、このような意識が働いてしまい、なかなか実行することができません。

会社をやめること、社長をやめることはそんなにみっともないことなのでしょうか？

人口が十万人以下の地域で、この会社の存在を知っている人がどのくらいいるのでしょうか。

会社をやめても世界が変わるわけではないのですが、誰もが異常に他人の目が気になってしまうようです。

いまでは、会社をたたんだり、やめたり、倒産するというのは、別に不思議な光景ではありません。自己破産したからといって、背中に自己破産者ですという張り紙をするわけではありませんから、前の生活にただ戻るだけです。

問題は、「社長の意識」にあります。

会社が倒産したら、社長をやめたら、社会的信用を失うという「思い込み」があるからです。たとえそのような状況になったとしても、普通に仕事はできますし、新たに会社を設立することも可能です。失ったと思う信用なども、きちんと仕事をしていれば戻るものです。

それでも信用してくれない人がいたら、その人とは付き合わなければいいだけです。

社長をやめたくない理由の最も病的なのは、「事業に執着を持ち続ける」ことです。この場合は、社員や家族のことを思っているのではなく、単なるわがままな自己本位です。これでは誰もついてきませんし、それこそ社会的信用を失うでしょう。

社長をやめることは怖い

このように、社長個人の「思い込み」が強くなり、恐怖心を持ってしまうことがあります。その恐怖心によって、ものごとを正しく判断できなくなり、冷静に見られなくなるのです。自分の考えを変えることはむずかしいのですが、「正直になる」「本音で接する」ことができると、ものごとが正しく見えるようになります。

人は自分一人だけの判断は偏りがちで、実態がなかなか掴みにくいものです。

しかし、その実態を簡単に見ることができる方法があります。

それは、現状やいまの苦しさを、一緒に働いている社員と共有することです。会社が苦しい状況になっている場合、多くの社長は社員に本音で接することができず、正直にものごとを話せず、話もしないことが多いものです。

逆に、「いま会社は大変なんだ」

「銀行がお金を貸してくれないのだよ」

「売り上げが下がった」

「資金繰りが苦しい」

「このままだと給料が払えなくなるかもしれない」

などと社員によくも悪くも現状を正直に話している社長のほうが、社員からの信頼も厚く、会社が一丸となって頑張っているものです。


怖ければ、「怖い」と正直に伝えてもいいかもしれません。

すると、いままでの「思い込み」が少しずつ外れていきます。外れるということは、冷静な目を持つことができるようになるということです。

人は苦しくなると、その苦しさを恥ずかしいものと感じるようになり、人に話せなくなってしまいます。本音で話すことや正直に伝えるといったことにむずかしさを覚えます。

これがやがてストレスとなり、不安感、恐怖心がどんどん大きくなってしまいます。


社長は、事業のすべてについて責任を持たねばならない。

誰がそのようなことを決めたのでしょうか？

会社が倒産すれば、社長の家族はもとより、社員も運命共同体のはずです。若ければ再就職すればいいのですが、何十年も勤務していればそう若くはありません。ある日突然会社から放り出されれば、路頭に迷ってしまいます。

会社は社長という責任者がいて、働いている社員がいるわけですから、お互いは車の両輪であり、力を合わせて生きていく関係です。

社員に責任を負わせることはよいことではありませんが、社長一人が責任を負うというのも、大きな誤りです。

会社がよくなれば、働いている者もよくなるわけですから。

もう一つの不安点、それは家族の問題です。

会社が倒産したら家族に心配をかける、迷惑がかかる、家庭が崩壊してしまう。そう考えている人がほとんどかもしれません。

しかし、会社が倒産しても、家族に心配をかけなければいいのです。迷惑をかけなければいいのです。そのためには、日ごろの話し合いが必要になります。

家族には会社の話をしてもわからないし、理解してはくれない、だから話しても無駄だというのは、考え違いです。

仕事の内容を細かく説明するのではなく、会社の苦しさの現状を伝えることによって、理解をしてもらえればよいのです。


「社長という病」の特徴は、世間の目や社員の目はもちろんのこと、家族からの目まで気になることです。

「笑われたくない」

「悪く思われたくない」

「変に思われたくない」

「馬鹿にされたくない」

「軽蔑されたくない」


しかし、一生懸命に仕事をしている人を誰も笑いはしませんし、悪く思いません。もちろん軽蔑などしないはずです。

それでも馬鹿にする人がいれば、そのような人とは付き合わなければよいのです。

やめられない理由はない

社員は、やめたいときにいつでも会社をやめることができるわけですが、会社の社長というのは、やめたいときにやめることができません。

つまり、やめる自由がありません。

その理由は、会社にはたいてい借入金がありますし、支払い資金の問題もあります。さらに、取引先のことや、お客様との取引もありますから、「はい、さようなら」と、簡単にやめることはできません。

でも、ここで少し立ち止まって、じっくり考えてみましょう。

こうした社長個人が抱える不安や心の重圧は、確かに存在するものなのでしょうか。

単に社長本人も含めて、誰もが当然のことだと思っているだけなのではないでしょうか。

会社がどんな状況、状態でも、社員と同様に、社長にも会社をやめる自由があるのです。

社長たちには、「社会的責任」という思い込みがあります。

取引先に迷惑をかけてはいけない。

対外的な信用を失ってはいけない。

社員に対して迷惑をかけてはいけない。


などの思い込みが、どんどん発展していってしまうために、苦しくなっていくのです。

世の中には、本当に正しいものなどありません。

正しさってなんでしょう。本当に自分の判断は正しいのでしょうか?

もし、その判断が正しければ、そんなに苦しむ必要はないのではありませんか。苦しむ理由は、その判断に誤りがあるからかもしれません。


たとえば、今日正しくても、明日には正しくない場合があります。ですから、主観のみで社長が「正しい」と判断する場合、自分の判断は偏っているかもしれないと考えるべきなのです。

自分の「正しさ」に疑いを持つ必要があるかもしれないということです。


では、なにが「正しい」のかといえば、その基準は周囲にいるいろいろな人たちの話を聞き入れる、取り入れることで作られます。それによって、自分の判断が正しいのか、正しくないのかが明確になり、自分の思い込みを外すことにつながるのです。

社長の「思い込み」を取り去るには、苦しいときほど社員、家族、知人の意見を聞くことです。

自分の考えた「思い込み」に対して、間違いかもしれないと疑ってみることが、その「思い込み」を外す方法です。社長は、社員を疑って、取引先を疑うことは多いのですが、自分を疑う社長は意外と少ないものです。

自分が考えていることや「思い込み」を疑ってみることが、その「思い込み」を外すことにつながります。

ただ、自分を疑っているだけでは答えが得られないので、他者の意見を聞く必要があります。

社長にはやめる自由がない、という「思い込み」から、社長にも会社をやめる自由があるということに気づくことができると、「思い込み」が生み出している苦しい局面が、オセロゲームのようにひっくり返っていきます。

黒いオセロの石が、瞬間に真っ白な石に変わるのです。

そこで見えてくるのが、会社と社長の現実の姿です。現実の姿は、「思い込み」にすぎなかったということに気づかせてくれる瞬間です。


そして、社長にもやめる自由があるのだから、いつでもやめられるのではないか、と考えてみることが必要なのですが、現実には、社長という職務上、そう簡単にはやめられないのも実状でしょう。

「やっぱり、無理だ」と諦めるしかないと思うかもしれません。

しかし、自分自身が「やめられない」と思うことへの疑いを持つことは、社長である自分に「やめてもいいいんだよ」という考え方を得ることにつながります。

借入金の重圧をかわす

社長は、借入金の重圧から毎晩眠れないようになり、結果的にお金に依存してしまいがちです。それは、商売がうまくいっていても起こるものです。

でも「やめられる」「やめてもいいんだ」という思考に切り替えスイッチが入ると、ものごとの捉え方がずいぶん変わります。目の前の景色が違って見えてくるのです。まず視界が広がります。

常識はただの思い込みにすぎません。私たちは幼いころから、「こうでなくてはならない」「こうしなければならない」という常識によって「思い込み」を作り出しています。一度、常識を疑うことで、「思い込み」を外すことができるのです。

すると、目の前のお金に対する不安ではなく、自分の思い込みが自分自身を不安にさせていたのだとわかります。

事業がうまくいかない、お金のことで始終悩む、お金がなくて苦しい。だからこそ、「やめるべき」ということを「やめたい」理由にしてしまいがちですが、果たしてそれは正しい選択なのでしょうか。

ほとんどの社長が、言葉ではやめたいと言っても、本当は社長をやめたいとは思ってはいないものです。

やはりそこには経営上の苦しさがあり、背負う心の重圧から逃れたいという思いが存在するわけです。この苦しさや重圧といったものがなかったら、「やめたい」とは思わないでしょう。

でも、その苦しさも自らの「思い込み」が作っていたとしたら、その苦しさを取り外すことができれば、「やめたい」とは思わないかもしれません。

病気や年齢、体力の問題を抱えている人が限界を感じたら、やめるべきだとは思いますが、借入金があるからやめられないのは「思い込み」の一つかもしれません。

借入金を返済しなければいけないと思うから、怖いし、苦しいのです。仮に五年返済で借りているお金があれば、十年返済にすればいいのです。このように返済方法を変えるだけで、毎月の返済額は半分になります。

事業資金の返済は五年から十年です。短くて五年、長くて十年なのです。返済期限が二十年、三十年というのはないと言われていますが、実際には交渉次第で借金の解決は可能になります。しばらくは返済金を最小にし、数年後に大きくするというような返済金の調整相談も可能です。

しかし、人間にはプライドがあります。借入金は当初の約束通りに返済しなければならないという「思い込み」もあります。

銀行も金融会社も筋を通して、事業計画をしっかりしておけば、返済期限の変更は可能なのですが、「思い込み」が邪魔をすることがあります。ただ単に、相手に頭を下げるのが嫌だとか、返済方法を変えることで馬鹿にされるのではないか、笑われるのではないか、軽蔑されるのではないか、はたまた信用を失うのではないか、などです。

これは支払いについても同様です。約束通りに支払わなければならないのが当然のことだと考えてしまいます。

「今月の支払いは待ってもらえませんか？」

こう言いたいときもあります。しかし、ただ待ってもらいたいというのは駄目です。いつまでにこういうふうにしたいとか、三回、あるいは四回払いにしてもらいたいというように、具体的な方法を伝える必要があります。

しかし、それを伝えたら信用がなくなってしまう、嘲笑されるのではないか、付き合いをしてもらえなくなるのではないか、と不安になってしまいます。

でも、心から真剣に、その相手に話をすれば、伝わらないわけがないのです。こうした心理も「思い込み」の一つです。

会社を維持、運営していく上で大事なことは、予防、防衛を始めとした危機管理にあります。私たちの健康を護るための体調管理と同様に、いま目の前にはないが、もしかしたら起こり得るかもしれないことについて、常に念頭に入れておく必要があるでしょう。

身を護るということを心がけていれば、会社は社長、社員、その家族に害を及ぼすことはないはずです。

社長は社員を護らなければいけないのか

さて、経営が苦しい状況の中で、果たして社長はなにを護れるのでしょう。

世間一般には、社長は社員を護るべき者といわれていますが、護るとはどういうことでしょうか。

「社長はまず社員の生活を護るべきだ」

「なによりも、自分の家族を護れなくてどうするのか」

「自分より家族や、社員を大切にするべきだ」

「家族や社員に心配をかけるようでは社長としての資格はない」

多くの経営者が口を揃えて言う言葉です。確かに、経営者として当然の義務かもしれませんが、それが本当の護りなのでしょうか？

私も先輩たちからさんざん言われてきました。


しかし、私は、護れないものを護ろうとするのは間違いだと思っています。

護れないのに護ろうとするのは、個人の驕《おご》りからくる錯覚にすぎません。護れるものは護ればいいけれど、護れないものを護ろうとするのは、驕りであるし、無理なことです。

そして間違った思い込みです。


この言葉の背後には、社長としてみっともない、恥ずべきことだという社長の勝手な思い込みがあるのかもしれません。

会社はいいときもあれば悪いときもあります。悪くなれば、どんなに立派なことを言い続けても無理なものです。

むしろ苦しいときには、苦しいと正直に本音で社員や家族に相談できる関係こそ、「護ること」につながります。

苦しいときは、社員の生活をくまなく護ることが無理であることを素直に認め、「あなたたちを護れません」ということを伝え、社員の意思に委《ゆだ》ねる必要があります。

家族に対しても同様で、なによりも事実を伝えることが大切です。

社長は、苦しいことや大変なこと、困難なことを一緒に働いている社員たちと共有できていなければ、永遠に「社長という病」から脱することができません。社長個人が抱えるべきと思い込んでいることがらを、共に働く仲間と共有することによって、社内からさまざまな意見が出てくるはずです。

「そうかあ」と納得する人もいれば、

「こういう方法があるのではないか」という意見を出す人もいるでしょう。

問題を共有していないところに、「社長という病」の苦しさが存在しているのです。

家族の願う本当の気持ち

では、家族はどうでしょう。

これまで元気に会社の社長として活躍してきた夫（妻）、父親（母親）が突然、会社をたたむとか、売却するとか、事業の規模を極端に縮小するということを知ったときに、家族はなにを感じ、どう考えるかという不安もまた、これまで家族に対して会社の内情を共有していない場合に起こる社長の心理といえるでしょう。

会社の問題で家族が不幸になるのではないかと勝手に思うのではなく、家族の一員として、常に自分の仕事についての話し合いができていたとしたらどうでしょう。きっと家族は社長という任務を遂行している夫（妻）、父親（母親）に対して、

「もう会社をやめたほうがいいんじゃないの？」

「社長をやめたら？」

「もう少し頑張ってみたら？」

「私たちのことをそんなに心配しなくてもいいよ」

「私もあなたと一緒に頑張ってみるから」
「大丈夫！　会社が駄目になったら、一からやり直せばいいのだから」
などと助言してくれるでしょう。その助言が、社長の思い込みを解くキーワードになるはずです。

家族に心配をかけたくない、社員に心配をかけたくない、と苦しむことで、社長は自らの「思い込み」を外せなくなるのですが、思いや考えを共有することで、苦しみが軽減し、新たな希望を見つけ出すことが可能になるのです。

社員や家族に心配をかけたくないと思い、苦しめば苦しむほど、逆に社長の間違った「思い込み」が家族を不幸にしてしまうかもしれないのです。

社長といえども、会社組織の窮状を一人で解決することはできません。

先に述べたように、社員も家族もその仕事で生活しているわけですから、運命共同体なのです。

青天の霹靂《へきれき》のように、ある日突然、借金取りが家に押しかける事態に遭遇して、初めて驚愕し、そこで慌てて家族、親戚が集まり、大騒ぎになって揉《も》めるというケースをよく聞きますが、それは、実状を共有できていないことが引き起こす惨事といえるでしょう。

人間関係の崩壊は、共有がないから起こるのです。

事業のことを家族に話したってわかるはずがないと、自分勝手に諦めてしまっている人がほとんどですが、苦しいとか、大変だとかを話せる関係でないと、いずれ崩壊します。実際には、なんでも話せる環境や関係を築くのは非常に勇気のいることでしょう。社員や家族に馬鹿にされたくない、心配をかけたくないという心理の裏側には、軽蔑されたくない、信頼を裏切りたくないという、人間としてのプライドがあるはずです。

そこには、ありとあらゆる社長個人の「思い込み」がこもっていますから、共有することが極めて困難になってしまうのです。

共有できる人は、自分の「思い込み」や勘違いをすでに解決できているといえます。日常に共有理解があると、奥さんは、夫の窮状を肌で感じ取っているでしょう。奥さんだって、苦しく怖い思いをしているかもしれないのです。

そんなとき、自分の気持ちを正直に伝えたら、奥さんはホッとして、どんなことがあっても一緒に頑張ろうと言ってくれるかもしれません。子どもたちも同じように思ってくれるかもしれません。

敗者復活の道はある

日本は、事業における敗者復活制度がないといわれています。会社が倒産して自己破産したら、社長はブラックリストに載り、銀行取引ができなくなり、信用を失い、社会とのお付き合いができなくなると考えられていますが、実際にはそんなことはありません。

確かに日本の法律には、敗者復活制度という言葉はありませんが、多くの社長が再起しているのも事実です。私は、そうした人たちをたくさん見てきました。

再起した人たちは、新たな人生に向かって、立ち上がって行動を起こしています。人は前進しようと思えば、一からの出直し、やり直しが何度でもできるのです。

一度、会社を潰したらもう最後。二度と自分には事業はできない。社会で生きていけないのではないかと考えてしまう人は、そう思い込んでいるにすぎません。

このように考える人たちの共通の理由は、借金が残っている。会社がなくなったら返済ができない。個人で返済なんて無理だ。だから、再起なんてできるはずもない。と、いくつもの言い訳を探しては、その言い訳による錯覚を信じ込んでしまいます。債権者や銀行、ありとあらゆる関係者たちに交渉もせずに、そんなことが認めてもらえるはずがないと思い込んでいるのです。

信用は一度失ったら取り戻せないものなのでしょうか。

いや、信用を失ったら、もう一度信用を作り直せばよいのです。

それでもむずかしければ、信用してくれない人とは付き合わなければよいのです。信用してくれる人を大切にすれば、信用は回復することができます。

債権者や銀行も、お金を返してもらいたいのですから、必ず交渉、話し合いには応じます。取引先の業者の人たちにも、一人ひとりお会いして、具体的な今後の事業計画をお話しして、理解してもらおうと誠心誠意取り組めば、新たに一から事業を立ち上げることは可能です。

再起して、これまでの借入金を新たな事業で返済していけばよいのです。債務も同様です。

これまでの間違った「思い込み」を認め、自分が自分に対して刷り込んできた錯覚を取り外せばよいのです。錯覚を自覚して、これまでの苦悩を行動する勇気に変えていけば大丈夫です。

とはいえ、必ずしも誰もがそのように改めることができないのも事実です。「思い込み」をどうしても取り外すことができないまま進行してしまう人がいます。そして、会社が潰れたらブラックリストに載り、行き着く先は自己破産、自殺、逃亡の道しかないと、考えてしまいます。

また、破産者として、他人から差別やいじめを受け、犯罪者扱いされてしまうのではないかと想像して、恐怖心のかたまりになってしまいます。

自己破産したほとんどの人が、自分はもう世の中から認められないのだと思ってしまいます。自己破産したら海外旅行ができないとか、収入の中から一定のお金が差し押さえられてしまうなど、昔のままの「思い込み」が強固にあるからです。

とかく、これまでの生活や人生を失うという恐怖心に苛《さいな》まれてしまうのですが、これらも「思い込み」の一つです。

銀行借り入れができないのであれば、借りなければよいのです。

ブラックリストに載っているのなら、それでもよいのです。

自己破産は恥ずべきことではなく、わが国唯一の再起のための法律です。新しくやり直すため、すべての借金が棒引きになるというもので、ゼロからでもやり直せる制度なのです。

私は、会社更生法と同じく、自己破産は敗者復活制度だと思っています。わが国には敗者復活制度という言葉はありませんが、やり直す道を法律が開いてくれているのです。ですから、どんな状況でも誰もがやり直せるのです。

一度会社を潰したら、二度と会社を作れないと思うのも大きな間違いで、再起するために、新しい会社を作ることは可能です。

新しい会社、新しい事業をいくつでも作れるわけです。これまでの倒産した会社とは別法人、別人格という形で事業を行うわけですから、その会社自体が差し押さえられる理由などなく、新しい仕事を始められるのです。

本当に大切な人はあなたから離れない

誰しも生きていく上で大事な交友関係とか、個人のプライドとかありますが、社長であった人が会社をやめたら、もしくは会社を潰したら、それらの大事なものまで失うのでしょうか。

会社が潰れた、病気になった、なにか問題を起こした、トラブルを起こした、事件を起こしたと言うと、そのことで差別をする人がいます。

また、なにが起きても差別をしない人もいます。差別する人たち、離れていく人たちというのは、自然の流れにすぎません。

自己破産すると、関係者といままで通りの付き合いができなくなる、信じてもらえない、相手にされない、と考えてしまいます。

しかし、自己破産者は犯罪者ではありません。法律によって清算することが自己破産なのですから、なにも心配する必要はありません。

もし、そのことによっていままで通りの付き合いができなくなったり、相手にされなかったり、信じてもらえなかったりしたら、それはいままでの自分が招いた結果です。
もし、あなたの友人が自己破産したら、その人のことを嫌いになったり、信用しなくなったりしますか？　おそらくしないでしょう。

人間関係は、自然の移ろいと同じく、離れるべきものは離れ、残るべきものは残っていくだけのことです。どんな状況にあろうとも、人間はその残ったほんのわずかな人たちに支えられて生きていくわけです。

いままで社長だった人がそうではなくなるので、世間体だとか、いままで付き合っていた人から相手にされなくなってしまうのではないか、信じてもらえなくなるのではないか、嫌われるのではないか、などと考えてしまうものですが、実際には、人間として付き合ってくれていたのか、お金で付き合っていたのか、ということが明確になるだけです。
まず、お金だけで付き合っていた人たちは離れていきます。仕事で付き合ってもお金がもらえないのですから、それは当然のことです。

しかし、人間として付き合っていた人たちは残ります。そのときに、自分の思い込みが明確に外れます。

心配していた以上の信じられない現象が起こります。

これまで自分のことを思ってくれていないと考えていた人が、実はとても思ってくれていたり、思ってくれていると考えていた人たちが離れていったりするからです。自分が悪く思われるのではないか、と心配する必要もありません。

悪く思われることは、決してないのです。

悪く思う人は、思えばよいのです。

人間対人間の付き合いであれば、嫌うこともないし、笑われたり、馬鹿にされたりすることもないし、悪く思われることもないのです。


本当に自分にとって大切な人は、失わないということです。

人間同士の付き合いでなかった人とは、たとえそれが家族であっても、失うときは失うものです。そういう人との人間関係は、会社がうまく行っていてもいなくても、どこかで消滅しただろうということを知るのです。お互いにとって、かけがえのない人ではないということが明確になるだけのことなのです。

「失う」ということで得るものは大きいものです。

本当に大切な人は失いません。

会社経営の原因と結果の法則

よく、経営には寿命があり、三十年～四十年がその寿命だという人がいます。しかし、本当に会社には人と同じような寿命というものがあるのでしょうか？

もちろん、年を取れば肉体的な限界が訪れます。

また、社長自身がもうこれで限界だと思えば、若くても限界となります。

さらに、社長を続けたくても経営が傾き、倒産したら、それが限界だという考え方もあります。

そして、時代とともに古くなった事業形態など、現代では必要性がなくなった仕事などもあります。

しかし、それでも事業形態を変化させて現代に蘇らせる事業もあります。

そう考えると、会社経営には終わりがないということがわかるはずです。

年を重ね、肉体的にも精神的にも大変な状況になりそうならば、事業を誰かに引き継いだり、譲渡したり、合併することが考えられます。

不況による売上高の減少に歯止めがかからなければ、削るものがあれば削り、さらに無駄を省けばよいのです。

従業員がやめてしまって仕事が成り立ちそうもなければ、外注先を探すことができます。

借金が払えなくなったら、払える額を決めて相手先と交渉することができます。

それでも認めてもらえなければ、相手にお任せしながら仕事を続行することができます。

相手先から裁判で訴えられたら、誠意を持ってその裁判に望み、無理のない範囲で支払いを継続することができます。

取引先が倒産、もしくは仕事を切られたら、それは新しくやり直すきっかけだと考えて、考え方とやり方を変えることができます。

このように、ものごとにはすべて、原因と結果があり、駄目な場合は駄目な原因があり、よい場合はよい原因があります。

そこが社長自身の改善点につながります。

会社経営には終わりはありません。社長自身が限界だと思ったとき、無理だと感じたとき、諦めたとき、それが社長自身の終わるときかもしれません。

終わりとは、このように社長の心構えにあるようです。

終い時を考える

人は誰もが終《しま》い時を考えています。

「後十年は生きられるかな」

「もう数年しかない」

「もう年だし、なによりも体力がなくなった」

「身体はいうことを聞いてくれない、身体中が痛い、なによりも、若さがなくなった」

「若い人をうらやましく思う」

「世の中は大不況の嵐の中、社長を続けるのがむずかしくなった」

「しかし借金が残っているし、仕事をやめるにも簡単にはやめられない」

人は確かに年齢を重ねるごとに体力気力が衰え始め、いままでのようにものごとを進めることができなくなります。しかし、人間はすべて考え方でその人の人生までも決定してしまうということがおわかりでしょうか。

私の師匠に豊澤豊雄《とよさわとよお》という人がいます。

私が彼と初めて出会ったのは、彼が九十七歳のときでした。その後百三歳近くまでお付き合いさせていただきました。（社団法人発明学会初代創始者・会長、百三歳没）

彼の口癖は、「九十歳になったらわかることがある」「九十五歳になれば見えるものがある」「百歳になるといままで感じなかったことを感じるようになる」というものでした。

そして、「早く百歳を超えてみたい」とも言っていました。

彼は会社の代表取締役社長でした。

社員が十五名程度の会社ですが、いつこの世を去ってもいいように、後継社長が決まっていました。

会社には毎日溢れんばかりの訪問者が来ます。

その一人ひとりと話をするのが彼の仕事でした。

「あんたは、いまいくつじゃ」

「はい、六十歳になりました」

「ほほう、若いなあ」


次の人にも同じ質問をします。

「はい、七十五歳です」

「ほう、いいなあ、うらやましいなあ。若いって素晴らしい」

ある日、元気のない私の父を連れて行きました。

すると、同じような質問をしました。

「あんたは少しばかり年季が入っているようじゃが、おいくつかな」

「はい、八十七歳になりました」

「ほほう、あんたはわしよりずうっと若い、わしは若い人たちと話すのが好きじゃ。元気をもらえるから」

父は、その日に生涯現役を決めました。

この話を聞いて、みなさんはどう感じるでしょう。

豊澤会長に会いに来る人たちの大半は、世間からは高齢者と呼ばれる人ばかりです。その人たち全員が、豊澤会長からみれば若いのです。

若いと言われた側のほとんどが驚いた顔をします。

自分よりはるかに年上の、現役の社長から目の前で言われるのですから、「そうか、もしかするとまだまだ若いかもしれない」と思ってしまうのです。もう年寄りですなんて言っていられなくなるのです。

人によって終い時は違います。

ただ、生涯仕事ができるということはとても幸せなことです。

定年だとか、もう六十代後半だから引退する必要があるとか、勝手に決められるのも社長の立場だと思いますが、後身の成長を最後まで見届けようという豊澤会長のような生き方も素晴らしいと思うのです。

なんといっても一世紀にわたる体験と経験、知識があるのですから、それだけでも会社の財産といえます。

「みんな社長になればいい。小さな会社がたくさんできて、その小さな会社がみんなで力を合わせれば、日本の大不況など吹っ飛んでしまう。大切なことはアイデアだ。知恵はただでいただける神様からの授かりもの。みんなも知恵を使って社長になりなさい」
彼は、みんなにこう語りかけました。

豊澤会長のところに訪れる人たちは、アイデアで起業しようと考えている者たちばかりですから、豊澤会長は、起業学校の先生のようなものです。

「わしは早く百歳を超えたいと思っている。とても楽しみにしているんだ。それはなあ、生まれて初めて九十歳を迎えたとき、九十五歳になったとき、九十九歳になったとき、すべて生まれて初めての体験じゃ。まだ見たことのない素晴らしい世界を見てみたい。九十五歳のとき、九十九歳のとき、いままで見えなかったこと、見えなかったものを感じることができた。ならば百歳になったらなにが見えるだろうか？ 楽しみだ」

このような話を聞いていると、人の年齢ってなんだろう、どうして人は年齢を感じ、その年齢に引け目を持ったり、年齢を言い訳にしたりするのだろうかと思ってしまいます。

「百歳になった。空がきれいだ。鳥の声が美しい。梅の香りがこんなにもいい香りだとは知らなかった。女性がみなきれいに見える。いま、恋をしそうだ。食べ物がおいしい。世界が美しい。君にも見せてあげたい」

豊澤会長は、こう私に語りかけました。

彼は、百三歳まで現役を貫きました。最後の最後まで付き添いを断り、車での送り迎えを嫌い、成城から新大久保まで電車で通勤したのです。

最後に、私に向かってこう語りました。

「人生とは面白く、楽しく、素晴らしいものだよ。わしは女子高の教師をしていたが、どうも雇われるのが好きじゃあなかった。自由に生きたかったのじゃ。会社もたくさん作った。苦しいときは無限に近かった。

団体も作った。国会議員にもなった。テレビにもたくさん出演し、発明品やアイデアも作り、全国に百万人近くの後継者を育てた。本も書きまくった。

そして、いまは小さな会社の社長になった。私の『終い時』は『始まりの時』。こうしてこの始まりが、次の後継者の始まりとなる。わしは社長になってよかったと信じている」

第4章 これからの社長の新しいあり方

社長業と社員業

社長っていったいなんでしょうか？
代表っていったいなんでしょうか？
社員っていったいなんでしょうか？
働くっていったいなんでしょうか？

日々、仕事に追われる社長業、そして社員業。では、「業」ってなんでしょうか？
もう一度一緒に考えてみませんか？

お釈迦様は業のことを「人間は生まれによって尊いのでも賤《いや》しいのでもない。その人の行為によって尊くも賤しくもなる」と言っています。
仏教では心を造作せしめる働きとして、思考する行為が先に来ると考え、これをまず「思業」と名づけ、後に起こる身口の所作を「思已業」と名づけました。

バラモン教では、「善をなすものは善生をうけ、悪をなすものは悪生をうくべし。浄行によって浄たるべく。汚れたる行によって、汚れをうくべし。善人は天国に至って妙楽をうくれども、悪人は奈落に到って諸の苦患をうく。死後、霊魂は秤にかけられ、善悪の業をはかられ、それに応じて賞罰せられる」（『百道梵書（Zatapathaa-braahmana）』より）

このように、行い、行為のことを「業《ごう》」と呼んでいます。

そして、よい行いは「善生」を受け、悪い行いは「悪生」を受けると考えられています。

当たり前のことですが、会社は、よい仕事をし、よい仕事は多くの人々に喜ばれ、感謝され、人々を幸せにするものです。

もちろん、人々が幸せになれば、対価をいただき会社もよくなり、社長も社員もよくなります。

しかし、この当たり前のことが実際にはなかなかできません。

私たち中小企業、自営業者は、世の中の流れやしくみが変わると簡単に流され、大切な経営の本質を見失います。

ましてや、この大不況の最中、会社経営も就職さえもままなりません。

でも、人に喜ばれるというのは、生きていく中で一番嬉しいことではないでしょうか。あれもほしい、これもほしい、こんなことしたい、あんなことしたい、と夢が膨らみますが、本当は誰かに喜ばれることが一番幸せを感じるときかもしれません。

会社経営というと、思い浮かべることは、
会社を安定させる
売り上げを確保する
社員教育をする
給料を払う
社員の生活を護る
など、さまざまなイメージがありますね。

でも、それはいままでの古い考え方の一つです。
本屋に行けば膨大なビジネス書や経営指南書が置かれています。さらに成功者の考え方、成功例、こうすれば儲かる、経営者のマインドなどといった本もあります。
みなさんは、本当にその通りになれるのでしょうか？

本当にそのようになりたいのでしょうか？

私はそうなると信じてきました。

小さな会社はいずれ大きな会社となり、大きな世界に向かうのだ、というロマンを信じ、それが私の目標となりました。しかし、得るものが多くなれば失うものも多くなるという当たり前のことには気づきませんでした。

会社を大きくするというのは大変なことです。成功者は何十万人、何百万人に一人という確率かもしれません。

でも、そもそも成功者ってなんでしょうか。大金を掴むこと、大きく儲けること、それも成功者ですね。

私はそのような成功者ではありませんが、かなり成功しました。

しかし、成功と同時に失うものも多く、さらに精神が不安定となり「社長という病」の重度の障害者となってしまいました。

それは、私が社長の器でなかったからかもしれませんし、みなさんのように心が強くなかったためかもしれません。

また、私の社長というものの考え方に大きな誤りがあったことも関係があるでしょう。

おそらく、人生で私ほど偏った考え方を持ち、失敗をたくさん経験した者はいないでしょう。読者の方が束になってかかってきても、私に勝てる人はいないと思います。それだけ酷すぎた、失敗しすぎた結果があります。これは悔《くや》し紛れの自慢にならない自慢の一つです。

しかし、あるとき、このようなことを発見しました。

それは、失敗の反対が成功だということです。

そう、私の失敗は成功のための財産になったのでした。無限で膨大な数の失敗を経験した後、失敗しないためのメカニズムが失敗の中にあることを知ったのです。

私は、そこから社長として再出発を望みました。

これからお話しするのは、新しい会社のあり方、新しい社長の考え方、新しい社員の人たちについての考え方です。

社長も、働く人も、新しく起業しようと考えている人たちにも関係する、仕事業のあり方です。

本当の社長の仕事

社長になると、当たり前のことですが誰もが社長になってしまいます。

社員は、社員になると、社員として働きます。


それって、おかしくはないですか？


社長は社員に給料を支払い、家賃を支払い、業者さんに支払い、銀行に返済する。これも当たり前のことなのでしょうか？

確かに、給料を、お金を支払う人は偉い。だから代表となる。

会社の借金も社長が借り主で、返済義務があるので偉い。だから代表なのですね。

でも、その支払いを社長個人がポケットマネーで払うなら、それも偉いことですが、それでは経営は成り立ちませんね。それこそボランティアになります。


会社経営の目的は利益を得ることです。

本当は、その会社に入るお金が人件費などの支払いとなるわけですから、社長個人のお金ではありません。ましてや社員のお金でもありません。

つまり、会社のお金です。

その会社のお金で社長や社員の給料や支払い、返済金が支払われているのです。みんなその会社に雇われているのです。

では、本当の社長の仕事とはなんでしょうか？

本当の社員の仕事とはなんでしょうか？

社長の仕事は売り上げ拡大、銀行借り入れ等の資金繰り。社員の仕事は社長の指示に従い遂行する、これが古くからの考え方であり、やり方でした。

しかし、その考え方でうまくいっている会社とうまくいっていない会社を比較すれば、圧倒的にうまくいっていない会社の数が多いことがわかります。

いままでの経営者は、決算はもちろん心のガラス張りも行ってきませんでした。その理由は、社員に弱みを見せたくない、無用な心配をかけたくない、不安を与えたくない、しっかりと仕事をしてもらいたい、などです。

それでは、本当の会社経営ではありません。

会社経営は社長個人のものではなく、そこで働く人すべてが関わらねばなりません。そうでなくては一丸となって会社を盛り上げよう、頑張ろう、とはいえなくなります。

「心のガラス張り」とは、働いている人たちに隠しごとをしないことです。

悪いことでなくても隠せば隠すほど、誰にも社長の考え方が伝わりません。伝わらなければ、いずれ仕事にも影響が出てきます。

隠さないからこそ連帯感や信頼感が生まれるのです。

ですから、「心のガラス張り」とは、苦しいときは苦しい、悲しいときは悲しい、嬉しいときは嬉しい、と正直な気持ちを伝えることです。

ほとんどの社長はこれができません。

それが、これからの社長の最初の仕事になります。

本当の社員の仕事

では、本当の社員の仕事とはなんでしょうか。

社長も社員も会社から給料をいただいています。

ですから、その会社に利益がなければ給料はありませんね。


したがって、社員の役割とは、会社に出向いて仕事をすることではなく、常に経営全般を知り、把握することです。

現状は残念ながら、会社の方針なのか、社員の人たちに関心がないかのどちらかですが、経営を把握している社員の方にはめったにお目にかかれません。

しかしながら、大手企業でもない限り、共に生き、仕事をしているのですから、経営が理解できない人はこれからは必要とされないかもしれません。


社長になるとケチになるといわれます。

しかし、それはケチではありません。毎月の電気代、コピー代、ガソリン代、営業経費、その他経費は、無限に使えるものではありません。

すべては会社の利益を削るものです。その意味では、社員も経営者と同じ感覚が必要になります。毎月たかが三千円のものでも、年間にすれば三万六千円になるわけですから、年単位で考えるのも大切な仕事です。


会社には必ず借入金があります。

そこに社員の方が経営感覚を身につけると、新しいものの見方が生まれます。

たとえば、一千万円の借入金があるとして、五年返済だと、月当たり十七万円の元金返済になり、一日当たりの返済金は約六千円になります。

このような考え方をするくせをつけると、やがて経営感覚が身についてきます。

ほとんどの会社員の人はそのことを知りません。

しかし、それが社員の本当の仕事です。

社長はマネージャー

社長は社員です。

社員は社長です。


同じ責任の重さがなければ、会社を存続させることができません。

だから、すべてを社長の責任として負わせるのはおかしなことです。

会社は社長や社員のものではありません。

その会社に関わるすべての人たちのものです。

株主さんがいる場合もありますし、取引先や下請け業者が支え合っていることもあります。つまり、みんなの会社です。


そこがみんなの生きる場ですね。

新しい会社の姿として、野球でいえば社員の方々は選手、スターです。

社長は監督だと思うかもしれませんが、監督も社員です。

では、社長はなにをするのかというと、マネージャーです。

マネージャーの役割は、選手の健康管理からコンディション作り、メンタルケアなどです。学校の部活でいえば、掃除、洗濯など雑用のすべてです。

たまにはお茶くみなどもよいかもしれません。

私もよくお茶くみや掃除をしています。

戦力となる女性社員の頑張りにはとても感謝していますので、せめてお茶やお菓子ぐらい食べてもらいたいと思っています。


マネージャーの大切な役割はメンタル面にあります。

営業で頑張って戻ってきた社員たちは、外で嫌な思いをしているはずです。

社長の代わりに動いてくれている営業スタッフは、まさにスターです。

その姿は、私の無謀な若いころを思い出させて、涙が出てくるときもあります。

どうやら、社長の本当の仕事は、働く人たちの環境作りにあるようです。

私はマネージャーとして誇りを持つようになりました。

新しい会社経営

これからの時代、新しい活動を考えている会社経営とはどのようなものなのでしょうか。

世の中を注意して見てみると、不思議な現象を感じることができます。

それは、儲かっている会社と儲からない会社の比較です。

たとえばどこにでもあるラーメン屋さんを二軒、選んでみましょう。

一方は流行っているお店、もう一方はまるでお客さんの入らない店です。

前者の店主はラーメン屋さんを開業してよかったと喜んでいます。

後者の店主はラーメン屋さんは儲からないと嘆いています。

どちらもラーメン屋さんという同じ業種です。


では、なにが結果を分けているのでしょうか。

どなたにもわかると思いますが、儲からないラーメン屋さんは、ラーメン屋という「業種」に問題があるのではなく、内容、すなわち「業態」が劣っているのでしょう。

ここでいう内容とは、「見せ方」「味」「イメージ」などです。

また、商品が同じでも、ネーミングが変わっただけで売れる商品があります。サービス内容を変えるだけでも、業態を変えることができます。

こんなところに新しい会社経営の姿を垣間見ることができます。

新しい会社経営とは、過去の成功例にこだわりません。既存の業種であっても、業態を変化させることで大きな変化をもたらすことを可能としています。

私はよく、「社長の考え方は古い」と言われてきました。

いままで頑張ってきた社長ほど、このような言葉には敏感に反応してしまい、つい腹が立つでしょう。

しかし、これからの時代は私を含め、さんざん頑張ってきた社長ほど、考え方が古くなったと認めなければならないかもしれません。とくに腹が立ったり、頭にきたりする場合は、すでに古さを認めている自分がいるわけですから。

社長は、みんなのマネージャーです。怒ったり、腹を立てたりする暇などありません。むしろ、新しい考え方はすべて社員というスターたちに任せるときが来ました。

新しい会社は、そこにいる社員たちがモニターになります。

どうすれば売れるのか？

どうしたらよくなるのか？

こうすればどうだ？

ああしたらどうだ？


このようなことは長い間、社長が考え続けて来た問題です。

それを社員というスターたちに投げかけ、任せてみるのです。

すると、社長は自分が若かったころの姿を思い出すはずです。

あのころと同じ思い、同じ考え方をしてくれるはずです。

このようなことは、もう、十分すぎるほど考えてきたはずです。

後は監督と選手たちに任せるのです。


いままでの会社は、すべて社長の判断、指示、命令が主でした。

しかし、これからの新しい会社は、それでは時代に追い抜かれてしまう恐れがあります。

また、社長の判断では、現実から外れたものが多くなります。

それは、現場が見えないからです。

社長の目線は常に上からものごとを見つめ、判断を下します。

しかし、現場の判断は、すべて下から目線となります。

ここではどちらが正しいかということではなく、上からの目線は重要な部分を見落とす可能性があるとだけ指摘しておきましょう。

どうして見落としてしまうかというと、医者が自分の身体を冷静に判断できないため、別の病院に行ってそこの医師の判断を仰ぐのと同じです。

そうでないと、感情や主観が強くなり、ものごとを冷静に見る目を失う可能性があるからです。このように、自分だけの判断、自分の主観や直観ほど外れやすくなるのです。

ですから、冷静な判断、ものの見方は下からの現場目線が重要になるのです。

また、最終判断、最終結論は社長にあるわけですから、自発的に出た社員の考え方や意見を取り入れることによって社員たちが能力を発揮し、責任が生じ、結果としては経営者感覚を学び身につけていきます。

この経営者感覚をみんなが共有することができたら、会社としては怖いものなどないでしょう。

新しい生き方

新しい会社の姿と同時に、私たちは新しい生き方が必要になります。

会社と生き方は違う、と言う方もおりますが、会社が駄目になれば生き方が変わってしまいます。また、会社がよくなっても生き方に影響を及ぼすはずです。このように、会社の生き方と自分の生き方は関係しています。

では、新しい生き方とはなんでしょう。


それは、会社は社長と社員が一体で、自分自身だという考え方です。

社長であって社長でない、社員であって社員でない、みんなが互いに支え合う経営者になることです。


私はある二人の社長と出会い、同じ質問をされたことを思い出します。

それは、「この会社で生命をかけることができるか？」という言葉でした。

あまりにも強烈な言葉でした。もちろん実際に生死を共にできるか、ということではなく、真剣になって一緒にやれるかという意味でした。

私は、一人の社長には丁重にお断りして、もう一人の社長には生命をかけてみようと思い、了承しました。その大きな理由は、私ごとき者の提案や意見を素直に聞き入れてくれた社長だったからです。

「君と一緒にやりたい」

いま振り返れば、この言葉はものすごい殺し文句です。

そして、なにもわからない新人の私に、次々と仕事を任せるのです。

当然、失敗もあります。もちろん怒られました。

しかし、それでも任せ続けるのです。とても怖い、責任重大なことばかりでした。

後で知ったのですが、この社長はあまり目の見えない人でした。

しかし、心の目があるようです。

私はこの社長を通してありとあらゆることを学びました。

なにもわからないまま任されるのですから、学びながら仕事をするのです。私がわからないことを質問すると、こうしたらどうだ、ああしたらどうだとアドバイスをもらいます。

私はこうして年商数十億円の会社を動かすようになりました。

決定事項はすべて社内の討議で決め、結果の承認を社長からもらいます。社内にいる社員たちも失敗が許されませんから真剣です。


その仕事は、チェーン展開を図る飲食店でした。

まるで経験のない私が企画室本部長となり、直属部下を三十人従え、大手銀行との折衝、数億円の融資および工事発注、人事管理、発注管理、新規出店先の市場調査、現地事業計画書等の作成、店舗の契約または不動産購入、接待など、ありとあらゆることを任されました。

そして、第一号店から関わり、フランチャイズ計画を行って次々と出店していくのです。毎月、二店舗から三店舗というスピードで、やがて日本全国まで広がりを見せていきました。

この会社が「イタトマ」で有名な「イタリアントマト」の前身でした。


まったく経験がなく、知識もなく、あるのは若さと夢だけでしたが、「信頼される喜び」「任される責任感」「信じてもらえているという満足感」「実現する充実感」「形になる喜び」

そして、「学ぶ素晴らしさ」を社長から学んだのです。

これは、三十年前の私の体験なのですが、「任せる、託す」という考え方は、新しい時代の新しい考え方となることを確信しています。

私は現在関わっているすべての組織や会社にこの精神を実践し、みんなが輝いている姿を目の当たりに眺めています。

そこには、かつての自分がいます。

そう、社長は社長でいてはいけない。名マネージャーでなければいけないのです。

新しい考え方

会社は決して大きくしてはなりません。

会社が大きくなれば儲けも大きくなるわけではありません。

会社を大きくしようとすると、自動的にリスクが拡大されてしまいます。

会社は小さくてよいのです。

決して無理せず、小さな器でも大きな仕事を成し遂げることはできます。
どうして、会社を大きくしなければならないのでしょうか。
会社は小さくてはいけないのでしょうか。

会社が大きくなればなるほど、大変になります。別に大変になることがいけないと考えているわけではありませんが、のんびりとゆっくりと少しずつ前進していく会社も心地よいものです。

社員をたくさん抱えれば、それに見合う売り上げが必要になります。
事業を拡大すれば、銀行からの借り入れが必要になります。
社長はどこに行っても頭をぺこぺこと下げ続けます。
どうして下げ続けなければならないのでしょう。

無理な仕事を受ければ苦労は絶えず、お金が足りなければまた頭を下げてお願いに行きます。
せっかくの家族との大切な時間を犠牲にし、友だちと会うこともままならず、夜は考えごとで頭がいっぱいになり、寝不足になります。
そのうちに頭の中は毎月の支払いと借金ばかりになり、家族との食事中でさえお金のことを考えるようになります。

本当にこんな人生を望み、この世に生まれて来たのでしょうか？
私は、十二月三十一日の夜になると、涙がこぼれてしまいます。
毎年、この最後の日に集金に出向き、挨拶回りをします。
除夜の鐘は鳴り響き、新しい年を車の中で迎えます。
こんな人生を私は望んだりしてはいませんでした。

このように、人生も事業も同じで、会社経営、社長業は決して無理をしてはならないのです。すべての人たちは私みたいな者ばかりではありませんが、私みたいな人々がたくさんいることは真実です。

一生懸命によかれと思い、命がけで頑張っている経営者のみなさん。もう、無理をする時代は終わったのです。また、無理をしなければならない会社は、なにかしらやり方に誤りがあるのです。

ちょうど、家庭が小さいように、会社も小さくてよいのです。家族が生活できるだけの資金を稼げればそれだけでも成功と呼べます。その程度でいいのなら、誰もが簡単に成功できるからです。

成功と失敗の分かれ目は、「これでよかった！」と思えるかどうかです。

成功には、他人は一切関係ないのです。

「これでいい！」

「これでよかった！」

「幸せだ！」

これが成功です。

社長なんて、必要のない時代。

それがいままさに訪れようとしています。

みんなが社長、みんなで社長。
こんな社長って素晴らしい、と思いませんか？

おわりに

「ワン・アンド・オンリー」（one&only）、これは私の大好きな言葉です。

この意味は、唯一無二。最愛の人。この人だけ。かけがえのない人。真の人。あなただけ、という意味合いを持ちます。

この世に同じ人間、まったく同じ考えの人がいないように、世界の中では私がオリジナル、あなたがオリジナル。誰にも真似のできないもの、それが私たちです。

本を読んで成功者の体験を知っても、その人の真似をすれば成功するわけではありません。実際に成功者と呼ばれる人に直接指導を受けて学んだとしても、同じような成功者になれるわけではありません。

成功と失敗は目に映る実体ではなく、自らの内面に起こる充実感や満足感、幸せ感のあるなしではないでしょうか。

どんなに事業がうまくいっても、失うものが多すぎるなら、成功とはいえないでしょう。

人は生まれて、生きて、生き続けて、この世から去るわけですから、最終的に「終わりよければすべてよし」となることが、人生の成功者の資格です。

たとえお金がたくさんあっても、事業がうまく行き、儲かったとしても、充実感や満足感、幸せ感がなければ後悔だけとなる恐れがあります。


会社経営は確かに山あり、谷あり、天国あり、どん底ありの世界だと思います。決して楽な道などありません。苦難ばかりの険しい道なのかもしれません。

しかしその苦難が、人生の終わりに振り返るときがあったとき、人生で一番の幸せの絶頂と思えるかもしれません。

人はよいときの思い出よりも、苦しいときの思い出が人生において支えと誇りとなり、本当の幸せを感じるのだと思います。


私は実際に会社を何度も潰し、何度もやり直し、何度もチャレンジして現在に至っています。おそらく本書をお読みの方全員の合計よりも、私の失敗の数のほうが多いでしょう。

それだけ私は社長には向いてなかったのです。

しかし、雇われない生き方がしたい、自分の好きに生きたい、自由に飛び回りたい、という夢を追い続けて、四十三年の歳月が過ぎました。

その間、多くの友人、社員とも離ればなれとなり、財産もすべて失い、なにもなくなってしまいました。後は死ぬことぐらいというどん底の世界にはまりました。

もう、これ以上なにもない、と思ったときに残されていたものに気づきました。

それはｏｎｅ＆ｏｎｌｙ、かけがえのない友人でした。

そのかけがえのない友人は、このような私でも信じてくれたのです。信じられるというのは重いことでもありますが、こんなに嬉しいことはありませんでした。

そのときに友人から送られた言葉がｏｎｅ＆ｏｎｌｙだったのです。

「オレはお前のことを大切に思っている」という強烈な言葉でした。

私のような者でも信じられ、思われる。逆に信じられない言葉でした。

私には四十年の経営経験、失敗経験、成功経験という財産が無限に残っていることがわかりました。いままで苦しかったこと、悲しかったこと、つらかったこと、失敗だらけだったことのすべてが私の頭の中に財産としてあるのです。

私はこの四十年間のノウハウを、多くの事業経営者、社長にコンサルタントとして伝え続けています。


失敗の反対は成功です。

失敗しないための方法とは、成功のための方法だからです。

その貴重な体験や経験が、このような本を書かせてくれました。


私はいまでも社長業に精を出しています。あれから四十年経ったいまでも、社長でいて幸せです。やってよかったと四十年後に感じ始めてきました。

そして、身体が動き続けるまで生涯現役、定年なしの社長業という業を積んでいるのです。

あなたも私もｏｎｅ＆ｏｎｌｙなのです。

ＰＳ
最後の最後に、人生の「希望」への感謝の気持ちを記させていただきます。
実は、いま思えば、運命に流されるのではなく、なにもかも捨て去り、生き直すことが、私の本当の「希望」だったのかもしれません。そして、運命はやがて望み通りになり、私の希望通りにすべてを失わせてくれたのです。

そして、そこから新たな「希望」が生まれてきたのです。

人生には誰もが「希望」を必要とします。
「希望」がなければ生きていけません。
お金も必要ですが、さらに必要なものが「希望」です。
「希望」があれば、それだけで生きていける。
「希望」があれば、それだけで耐えていける。
「希望は」最大の心の処方箋です。

日々奮闘し、しかし、誠実に、会社に携わっている方々に、私の体験が一縷《いちる》の希望となることを祈ります。

富樫　康明

追伸

ここまで、お付き合いいただき、ありがとうございます。

みなさまに、またお逢いできるときを楽しみにしています。

最後になりますが、本書を執筆するにあたり、約二年間にわたって本文のご協力をいただいた脇三枝子さん、ピックフレンド大友裕作さんに心から感謝申し上げます。

本書はともに戦ってきた父・富樫敏雄に捧げます。

富樫康明　Yasuaki Togashi

株式会社 APPLE HOUSE 代表。

1954 年東京生まれ。19 歳で起業し、全国でイタトマブームを起こし一世風靡したイタリアレストラン「ITALIAN TOMATO（イタリアン トマト）」第 1 号店からフランチャイズ展開の成功を導く。またテレビやマスコミ等で取り上げられた海上輸送用改造コンテナ「CONTAINER HOUSE NOA（コンテナハウス ノア）」の自らの会社を大成功させたが、不慮の事態により、一気に経営破綻。原因は「社長という病」だった。

すべてを失い、死線をさまよいながらも、自力でこれを克服、再生を果たした。

今は自身の体験と知識をもとに、苦悩する中小企業社長を救う活動を日夜続けている。

著書に社長病の体験や苦悩が描かれている『それでも人生に YES を』（小社刊）がある。

社長という病

2018年 2 月22日　第 1 版第 1 刷発行

著　者　富樫康明

発行者　玉越直人

発行所　WAVE 出版
〒 102-0074　東京都千代田区九段南 3-9-12
TEL 03-3261-3713　　FAX 03-3261-3823
振替 00100-7-366376
E-mail: info@wave-publishers.co.jp
http://www.wave-publishers.co.jp/

印刷・製本　シナノパブリッシングプレス

ISBN978-4-86621-120-6
NDC335 207P 16cm